누구나 읽기 쉬운

불교 일화 · 이야기

글 우재 윤필수   겉표지 윤정별

BOOKK

누구나 읽기 쉬운

불교 일화·이야기

저 자 | 우재 윤필수
겉표지 | 윤정별

발 행 | 2023년 8월15일
펴낸이 | 한건희
펴낸곳 | 주식회사 부크크
출판사 등록 | 2014.7.15.(제2014-16호)
주 소 | 서울특별시 금천구 가산디지털1로 119
　　　　　　　　　　(SK 트윈타워 A동 305호)
전 화 | 1670-8316

ISBN | 979-11-410-3881-6

www.bookk.co.kr

차례

❀ 깨달음과 인생의 이해

삶의 고통과 깨달음   13
고요한 호수의 깨달음   15
연화(蓮花)의 비유   17
보다 깊은 통찰   19
소나무 아래의 깨달음   21
깨달음의 길   23
삶의 순환   25
인생의 변화   27
새콤 달콤한 과일의 깨달음   29
깨달음을 얻은 도선사   31
깨달음의 꽃   33
깨달음의 여정   35
바닥에 떨어진 꽃잎을 보며 깨달음을 얻은 스님   37
한마을 사람들의 일상속에서 깨달음을 찾은 이야기   39
깨달음의 향기   41

❀ 자비와 연민

꽃 피우는 마음   44
바위를 뒤집는 개구리   46
자비와 연민   48
아낌없는 나눔의 이야기   50
자비의 꽃   51
무한한 용서   53
관용의 자비로운 마음   55
한 줄기 빛의 선행   57

자비심으로 살아가는 선한 사람   59
나무는 돌을 깎을 수 없다   61
작은 밭의 연못   62
기분좋은 장미꽃   65
나무아래서의 겸손   66
자비로운 마음   68
자비로운 행동   70
한송이 꽃의 선한 행실   72
자비로운 삶의 지향점   75
자비심과 연민의 확장   77

❀ 인생의 가치와 목표

선한 행동의 가치   81
선한 인연   83
선한 힘과 영향력   85
아름다운 선행의 결실   87
선한 행동의 효과   89
선한 힘의 용도   91

❀ 마음의 평화와 안정

공덕천(功德天)과 흑암녀(黑暗女)   95
마음이 비워지는 맑은 호수   98
마음의 정화   99
마음의 평화   101
흔들리지 않는 평정심   103
수도사의 기도와 인내   105

마음의 감정과 조절　　　　　107
마음의 평온과 안정　　　　　109
없는 것을 바라지 않는 마음　　111
마음의 투명함과 깨달음　　　113
불안에서 자유로운 해바라기　115
탈출하는 구속　　　　　　　117
마음의 평정과 평화　　　　　119

🏵 인연과 연결

인연의 깊이　　　　　　　　123
인연의 깊은 연결　　　　　　125
세상과의 연결　　　　　　　127
인생의 동요와 안정　　　　　129
인생의 순환과 변화　　　　　131

🏵 자아의 해방과 초월

벌레가 나비가 되다　　　　　135
자아의 해방　　　　　　　　136
송곳니를 뽑는 용기　　　　　138
변화와 혁신　　　　　　　　140
바다에 떠내려간 보물　　　　142
비둘기의 자유　　　　　　　144
자아의 해체　　　　　　　　146
자아의 한계와 초월　　　　　148
자기 수용과 자기 발견　　　　150

구름을 넘어서는 새로운 시작   152

자기 수용과 자기 변화   154

✿   지혜와 깨달음

지혜로운 선택   158

보다 깊은 통찰   160

지혜의 깨달음   162

지혜의 이야기   164

불의 빛   166

지혜의 깊이와 확장   168

어둠속에서 빛을 찾다   170

길 잃은 사슴과 지혜로운 사람   172

지혜로운 용사의 선택   174

지혜의 깊은 통찰   176

✿   고통과 해소

욕망과 얽힌 고통   180

고통의 원인과 해소   182

고통과 쾌락의 통과   184

인생의 비애와 위로   186

✿ 사랑과 이해

사랑과 이해   190

사랑의 불꽃이 번지다   192

사랑과 이해의 확장   194

순수한 사랑   196

사랑과 이해의 넓은 시야   198

자비와 헌신   200

사랑과 연결된 공감   202

관세음보살 42수 진언 (觀世音菩薩四十二手呪)   204

끝마치며   215

들어가며

금강경(金剛經,바즈라체디카프라즈냐파라미타수트라,The Diamond Sutra)은 인도에서 2세기경에 성립된 "공(空)" 사상의 기초가 되는 경전이며 우리나라에서도 가장 널리 유통되고 신봉되었던 대표적인 불교경전이다.

최근에는 영어, 독일어, 프랑스어 등으로 번역되어 서양 학계에 가장 널리 알려진 경전이다.

인도 사위족을 배경으로 수보리존자와의 대화(일화) 중심으로 구성되어 있는 경전이다. 이렇듯 세계적으로 유명한 금강경 조차도 앞에서 언급했듯이 거의 대부분이 부처와 수보리존자와의 대화가 주를 이룬다. 이렇듯 동서고금을 막론하고 가장 우리들이 쉽게 공감할 수 있는 것은 생활 속에서 일어나는 인간관계 그 속에서의 대화, 일화 들인 것이다. 이것은 어느 나라를 막론하고 인간생활사를 이루는 가장 근본적인 뿌리이며 공통적인 요소인 것이다. 그렇기 때문에 각 나라마다 생활형태는 다르지만 그 속에 흐르는 인간의 지향적 가치는 대동소이하다고 생각된다.

즉 일화는 상징적인 의미와 인간 본연의 가치 지향적 요소가 충분히 내재되어있다고 생각되어 이렇게 불교 일화에 글을 소개하기로 마음을 결정하게 되었다. 이에 대한 글을 작성하기 위하여 많은 자료를 찾아 보았으나 자료들이 거의 없고, 특히 불교일화를 모아 수록되어있는 책은 더욱더 없었다. 그래서 아주 막막한 상태여서 일화 소개를 하는 것을 그만 멈출까, 포기할까 하는 생각들이 많이 들었지만 일반인인 우리에게는 그래도 쉽게 공감할 수 있는 것이 '일화'라고 생각되 여기저기 여러 곳을 찾아보았으나 전혀 자료들을 찾을 수가 없었다. 이때 갑자기 떠오른 생각이 내가 찾는 자료들을 그래도 많이 모아놓은 곳이 즉 데이터베이스의 내용이 풍부한 곳이 AI가 아닐까 하는 생각이 들어 이곳에서 도움을 받으면 되겠구나 하는 생각이 들어 마치 사막을 오랫동안 헤메다 거의 실신 상태에서 오아시스를 찾은 것 같은 기분 바로 그런 느낌이었다. 그래서 AskUp의 도움을 얻어 이 글들을 작성 소개하게 되었다. 여기 소개된 일화들은 아주 구체적이거나 정확한 사실이 아닐 수도 있다. 일화가 나타내고자 하는 메시지와 방향성에 중점을 두었다. 사실 생활속의 일화는 사람들끼리의 이야기이기 때문에 어떤 명확한 근거나 출처가 불분명한 것이 대부분이다. 그래서 이 글을 읽는 분들은 여기에 쓰여진 일화들의 가치 지향성에 중심을 두어 보아주시면

감사하겠습니다. 아울러 이 글을 읽는 모든 분들에게 감사의 말씀을 전합니다. 아울러 정별이에게 항상 고마움을 느낍니다.

감사합니다.

2023년 삼복중 은하마을에서

❀ 깨달음과 인생의 이해 ❀

삶의 고통과 깨달음

"삶의 고통과 깨달음"은 불교에서 중요한 주제 중 하나입니다. 불교는 모든 존재가 고통을 경험하는 것을 인정하고, 이를 극복하고 해소하기 위한 깨달음을 얻는 것을 강조합니다.

불교에서는 삶의 고통은 욕심과 욕망에서 비롯된다고 가르치며, 욕망을 해소하고 무뎌지는 것을 통해 깨달음을 얻을 수 있다고 말합니다. 이를 통해 우리는 우리 자신과 다른 모든 존재의 본질적인 공통점을 깨닫고, 욕심과 욕망에 의한 고통에서 벗어날 수 있습니다.

불교에서는 깨달음을 얻기 위해 명상과 인식의 수행을 강조합니다. 명상을 통해 우리는 마음을 집중하고 조용하게 만들어 욕심과 욕망에 대한 인식을 개발할 수 있습니다. 이를 통해 우리는 고통의 근본 원인을 깨달으며, 그로 인해 자유롭고 평화로운 상태인 "니르바나(Nirvana)"를 경험할 수 있다고 불교는 가르칩니다.

따라서, "삶의 고통과 깨달음"은 불교에서 우리가 삶에서 겪는 고통을 이해하고 극복하기 위해 깨달음을 얻는 것의 중요성을 강조하는 이야기입니다. 이를 통해 우리는 평화로운

삶을 실현하고 스스로와 다른 모든 存在에게 Happiness를
가져다줄 수 있습니다.

14

고요한 호수의 깨달음

"고요한 호수의 깨달음"이라는 불교 일화는, 우리가 마음속의 소음을 가라앉히고 평온한 상태를 찾음으로써 깨달음을 얻을 수 있다는 이야기입니다.

옛날 어느 마을에 한 명의 불교 스님이 살고 있었습니다. 어느 날 그 스님은 산책을 하다가 호수를 발견했습니다. 그 호수는 아주 고요하게 물이 멈춰 있었습니다. 스님은 그렇게 멋진 호수를 보고는 호수 안으로 돌을 한 개 던졌습니다.

그러자 돌이 물에 떨어지는 소리가 고요한 호수 안에서 울려퍼졌습니다. 그리고 스님은 깨달음을 얻었습니다. "이 호수는 마치 우리의 마음과 같습니다. 마음이 고요한 상태일 때만 우리는 깨달음을 얻을 수 있습니다. 만약 마음이 소란스러우면 깨달음을 얻을 수 없습니다."

스님은 그 때부터 매일같이 그 호수로 다가가서 명상(冥想)을 했습니다. 그 결과로 그는 깨달음을 얻을 수 있었습니다. 그리고 스님은 자신의 깨달음을 다른 사람들과 함께 나누기 시작했습니다.

이 일화는 불교(佛敎)에서 마음의 고요함이 깨달음을 얻는 데에 중요하다는 것을 보여주는 이야기입니다. 우리가 마음의 소음을 가라앉히고 평온(平穩)한 상태를 찾음으로써, 우리는 깨달음을 얻을 수 있습니다.

따라서, "고요한 호수의 깨달음" 이야기는 우리가 마음의 고요함을 찾아 깨달음을 얻을 수 있음을 불교의 가르침을 통해 알려주는 이야기입니다. 이를 통해 우리는 마음의 고요함을 추구하고 깨달음을 얻을 수 있도록 도와줍니다.

16 　　　　**깨달음과 인생의 이해**

연화(蓮花)의 비유

"연화의 비유"는 불교에서 유래된 일화(逸話)중 하나입니다. 이 이야기는 人生의 무상함과 변화의 불변성을 나타냅니다.

옛날 어느 마을에 한 스님과 그의 제자가 살고 있었습니다. 어느 날 스님은 제자에게 가르침을 전하려고 했습니다. 그는 제자에게 꽃을 보여주며 말했습니다. "이 꽃은 연화입니다. 그것의 아름다움은 잠시일 뿐이지만, 그 무상함은 변하지 않습니다."

제자는 꽃의 아름다움에 매료되었지만, 그 아름다움이 잠시일 뿐이라는 말에 혼란(混亂)을 느꼈습니다. 스님은 계속해서 말했습니다. "우리의 삶도 연화와 같습니다. 모든 것은 변화하고 흐르지만, 그 무상한 본질은 변하지 않습니다. 우리는 그 무상(無常)함을 깨닫고 이해해야 합니다."

제자는 스님의 말에 깊이 생각하며 꽃을 바라보았습니다. 그 순간 그는 연화의 無常함과 人生의 變化의 不變性을 깨닫게 되었습니다.

이 일화는 연화를 통해 인생의 무상함과 변화의 불변성을 이해하는 것의 중요성을 강조합니다. 우리는 모든 것이 變化하고 흘러가지만, 그 無常한 本質은 변하지 않는다는 것을 깨닫고 이를 받아들여야 합니다.

18

보다 깊은 통찰

"보다 깊은 통찰(通察)" 이라는 불교 일화는, 불교 修行者가 진리를 깨달으려는 과정에서 마주치는 어려움과 그것을 극복하고 眞理를 깨달으려는 노력을 나타내는 이야기입니다.

한때, 修行者들이 신선한 샘물을 길에서 길어오던 일이 있었습니다. 어떤 수행자는 샘물이 흐르는 길에 머물다가 햇볕을 맞은 돌이 물 속에 비추는 빛의 광채(光彩)와 물결의 울림이 마음을 멈추고, 그 자리에서 좌선(坐禪)함으로써 보다 깊은 깨달음에 이르렀습니다.

이 일화에서는 修行者가 단순히 물을 마시려는 目的을 벗어나서, 그 깊은 통찰력(通察力)을 通해 물의 아름다움과 세계의 복잡성(複雜性)을 깨달음으로써 이해하는 것을 보여줍니다. 이는 佛敎에서 말하는 眞理를 깨달으려는 과정에서 수행자가 마주치는 어려움과 그것을 극복하는 과정(過程)에서의 重要性을 강조하는 이야기입니다.

따라서, "보다 깊은 통찰" 이야기는 불교에서 우리가 眞理를 깨달으려는 과정에서 마주칠 수 있는 어려움에 대한 극복과 깨달음의 중요성을 강조하는 이야기입니다. 이를 通해 우리는 단순한 생각이나 목적이 아닌, 보다 깊은 理解와 깨달음으로써 人生을 살아가고 世上을 바라볼 수 있습니다.

깨달음과 인생의 이해

소나무 아래의 깨달음

"소나무 아래의 깨달음"이라는 불교 일화는, 우리가 自然과 조화(調和)를 이루며 깨달음을 얻을 수 있는 重要性을 보여주는 이야기입니다.

옛날 어느 마을에 한 명의 佛敎 스님이 살고 있었습니다. 어느 날 그 스님은 산으로 가서 명상(瞑想)을 하기로 결심했습니다. 그는 산으로 올라가서 소나무 아래에 앉았고, 명상에 잠겨 있던 도중에 소리에 놀라게 되었습니다. 소리의 主人公은 나무 위에 앉아 있는 작은 새였습니다.

스님은 새에게 말했습니다. "작은 새야, 너는 왜 그렇게 노래를 부르고 있니?" 새는 對答했습니다. "저는 그냥 山을 사랑하고, 이곳에서 幸福한 시간을 보내고 있어요. 산의 아름다움과 자연의 조화가 제게 平和와 幸福을 주는 것 같아요."

스님은 그 새의 말에 깨달음을 얻었습니다. 그는 自然과 調和를 이루며 살아가는 것의 重要性을 깨달았고, 自然과의 연결(連結)을 통해 내면(內面)의 平和와 幸福을 찾을 수 있다는 것을 깨달았습니다.

이 逸話는 佛敎에서 우리가 自然과 調和를 이루며 깨달음을 얻을 수 있는 중요성을 강조하는 이야기입니다. 佛敎는 우리에게 자연과의 조화를 통해 內面의 平和와 깨달음을 찾는 方法을 알려주며, 우리가 自然과 調和를 이루고 自然의 아름다움을 경험함으로써 깨달음을 얻을 수 있도록 도와줍니다.

따라서, "소나무 아래의 깨달음" 이야기는 우리가 自然과 조화를 이루며 깨달음을 얻을 수 있는 佛敎의 가르침을 나타내는 이야기입니다. 이를 通해 우리는 自然과의 調和를 통해 內面의 平和와 깨달음을 찾아나갈 수 있습니다.

깨달음과 인생의 이해

깨달음의 길

"깨달음의 길"은 佛敎 文化에서 파생(派生)된 逸話 중 하나
입니다. 이 이야기는 사도세자 고타마 신공이 깨달음을 얻으
며 佛敎의 根本 가르침을 이룬 것을 보여줍니다.

옛날 인도(印度)에 사도세자 고타마 신공이라는 王子가 있었
습니다. 그는 王位를 이어받을 準備를 하면서도 삶의 眞實을
探究하고자 마음먹었습니다. 그는 王宮을 떠나 世上의 고통
과 삶의 不完全함을 직접 體驗하기 위해 가난하게 살기로
決心했습니다.

그 王子는 많은 苦難과 어려움을 겪으며 다양한 修行과 修
鍊을 거쳤습니다. 그러나 그는 만족스러운 解答을 찾지 못하
고 실망했습니다. 결국 그는 極度의 굶주림과 몸의 약화 상
태에서 나무 아래에 앉아 瞑想을 시작했습니다.

그때, 그는 깊은 깨달음을 얻었습니다. 그는 苦難과 삶의 불
완전함을 理解하고, 우리가 慾望과 執着에서 벗어나는 것이
진정한 解放과 平和를 찾는 길이라는 것을 깨달았습니다. 이
를 통해 그는 佛敎의 根本 가르침인 "사람들은 모두 苦痛을
겪고 있으며, 이를 극복(克服)하기 위해 慾望과 執着을 버려

야 한다"는 네 개의 規範을 이루었습니다.

사도세자 고타마 신공은 이후에는 부처로 알려진 고타마 신공이 되었고, 佛敎의 設立者로서 많은사람들에게 깨달음과 平和를 전하였습니다.

이 일화는 우리가 苦痛과 어려움을 통해 깨달음을 얻고, 욕망과 집착에서 벗어나는 것이 진정한 解放과 平和를 찾는 길임을 보여줍니다. 우리는 깊은 內面의 探究와 瞑想을 통해 佛敎의 根本 가르침을 이해하고, 調和롭고 평화로운 삶을 實現할 수 있습니다.

삶의 순환

"삶의 순환(循環)"이라는 佛敎 逸話는, 삶의 變化와 循環性을 理解하고 받아들이는 重要性을 보여주는 이야기입니다.

한때, 어떤 사람이 不幸과 苦痛에 시달리고 있었습니다. 그는 自身의 삶이 어렵고 힘들다고 느끼며 좌절(挫折)하고 있었습니다. 그러던 어느 날, 그 사람은 佛敎 스님을 만났습니다. 스님은 그에게 "삶은 항상 變化하고 循環하는 것입니다. 幸福과 不幸, 기쁨과 슬픔은 모두 變化하는 삶의 一部分입니다. 이 變化와 循環을 理解하고 받아들인다면 苦痛과 不幸을 克服할 수 있을 것입니다." 라고 말했습니다.

그 사람은 스님의 가르침을 받아 삶의 變化와 循環을 이해하고 받아들이는 方法을 배웠습니다. 그는 幸福과 不幸이 번갈아오며 變化하는 삶의 흐름을 받아들이며, 苦痛과 어려움을 克服할 수 있었습니다. 그는 삶의 變化에 따라 柔軟하게 대처하고, 內面의 평정과 安定을 유지하며 삶을 살아갈 수 있었습니다.

이 일화는 佛敎에서 우리가 삶의 變化와 순환성을 이해하고 받아들이는 重要性을 보여주는 이야기입니다. 불교는 우리에

게 삶의 變化를 받아들이고, 變化에 따라 조화롭게 대처하는
方法을 알려주며, 우리가 苦痛과 어려움을 克服하고 內面의
平和를 유지할 수 있도록 도와줍니다.

따라서, "삶의 순환" 이야기는 우리가 삶의 變化와 循環性을
이해하고 받아들이는 佛敎의 가르침을 나타내는 이야기입니
다. 이를 通해 우리는 삶의 변화에 따라 조화롭게 대처하며
內面의 平和와 安定을 유지할 수 있습니다.

인생의 변화

"인생의 변화"는 佛敎 文化에서 派生된 逸話 중 하나입니다. 이 이야기는 人生의 變化와 成長, 그리고 불교적인 觀點에서 삶을 바라보는 것을 보여줍니다.

옛날 어느 날, 한 스님이 마을을 지나가며 사람들과 이야기를 나누고 다니고 있었습니다. 그 스님은 인생의 變化와 成長에 대해 이야기하며, 그것이 어떻게 佛敎的인 觀點에서 解析될 수 있는지를 說明했습니다.

스님은 그의 이야기를 始作했습니다. "人生은 不均衡과 變化의 連續이라고 할 수 있습니다. 모든 存在는 變化하고, 아무리 幸福하거나 不幸하더라도 그 瞬間은 지나갑니다. 그러나 우리는 이 변화에 대해 抵抗하지 않고, 그것을 받아들이는 마음가짐을 갖는 것이 重要합니다."

그는 또한 이야기를 이어가며 말했습니다. "우리는 삶의 變化와 어려움을 통해 成長하고 배움을 얻을 수 있습니다. 우리의 經驗과 苦痛은 우리를 더 나은 人間으로 만들어줄 수 있습니다. 그러나 이를 爲해서는 우리는 慾望과 執着을 버리고, 現在의 瞬間에 集中하며 懺悔와 瞑想을 통해 내면의 깨달음을 찾아야 합니다."

스님의 이야기는 사람들에게 成長과 變化의 重要性을 상기
시켰습니다. 우리는 삶의 불균형과 변화를 받아들이며 내면
의 평화와 깨달음을 찾아가야 한다는 것을 알게 되었습니다.
이를 통해 우리는 佛敎的인 觀點에서 삶을 바라보고, 지혜롭
고 豊饒로운 삶을 實現할 수 있습니다.

새콤달콤한 과일의 깨달음

佛敎 逸話 중에서 새콤달콤 한 과일의 깨달음에 관한 이야기가 있습니다. 이 일화는 "과일을 통해 삶의 眞理와 깨달음을 깨닫는다"라는 內容을 담고 있습니다.

한 때, 한 스님이 수도원에서 修行을 하고 있을 때, 마을 주민 중 한 사람이 스님에게 다가와 과일을 膳物했습니다. 이 과일은 새콤달콤한 맛과 아름다운 色相을 지니고 있었습니다. 스님은 과일을 받아들이고 그 맛을 즐기며, 마음속에서도 滿足과 기쁨을 느꼈습니다.

하지만, 스님은 이 과일을 通해 더 깊은 깨달음을 얻게 되었습니다. 그는 이 과일이 씨앗에서 키워지고 열매를 맺으며 成長했다는 것을 깨달았습니다. 이 過程은 모든 存在의 삶의 過程과 類似하다는 것을 깨달았습니다.

스님은 이를 통해 모든 存在는 씨앗에서 始作하여 열매를 맺으며 삶의 주기를 거치는 것이라는 깨달음을 얻었습니다. 이는 우리 人間 또한 삶의 始作과 成長, 變化, 그리고 終末을 통해 存在의 眞理를 깨닫게 되는 過程이라는 것을 意味합니다.

이 逸話는 새콤달콤한 과일을 통해 우리의 삶과 人生의 眞理에 대한 깨달음을 얻는 重要性을 强調합니다. 작고 평범한 과일 하나가 우리에게 깨달음의 門을 열어주는 것처럼, 우리는 日常 속에서도 작은 것들에 주의를 기울이고, 그 속에 담긴 깨달음을 發見할 수 있습니다.

30

깨달음을 얻은 도선사

"깨달음을 얻은 도선사"는 佛敎 文化에서 由來된 逸話 중 하나입니다. 이 이야기는 어떠한 環境에서도 깨어 있음을 유지하고, 모든 存在를 理解하고 받아들일 수 있는 能力이 깨달음이라는 것을 보여줍니다.

옛날 어느 나라에 도선사가 살고 있었습니다. 그 도선사는 매우 깊은 修行과 瞑想을 하며, 佛敎의 敎理와 實踐에 대해 깊은 理解를 가지고 있었습니다. 그러나 그는 여전히 自身의 깨달음을 얻지 못한 채 修行을 이어나갔습니다.

그러던 어느 날, 그 도선사는 마을 근처의 山으로 가 물을 길러왔습니다. 그리고 산길을 따라 걷다가, 한 노인을 만났습니다. 그 노인은 다리가 아프다며, 그 도선사에게 도움을 청했습니다.

도선사는 노인을 도와주고, 함께 길을 걸어갔습니다. 그리고 그들은 도선사의 寺院에 到着했습니다. 도선사는 老人에게 飮食과 宿所를 提供하고, 몸을 쉬어 갈 수 있도록 도와주었습니다.

그리고 그 다음날, 老人이 떠나기 전에 도선사는 그에게 인사를 건네고 인사를 받으며 老人을 바라봤습니다. 그 때, 도선사는 갑자기 깨달음을 얻었습니다. 그는 모든 存在가 서로 連結되어 있으며, 모든 存在를 理解하고 받아들일 수 있는 能力이 있다는 것을 깨달았습니다.

이 逸話는 모든 存在를 理解하고 받아들일 수 있는 깨어 있는 狀態가 얼마나 중요한지를 보여줍니다. 우리는 自身과 다른 存在들, 그리고 우리 周邊의 世上과 自然을 理解하고 받아들일 수 있는 마음을 가지고 살아가야 합니다.

깨달음의 꽃

"깨달음의 꽃"은 佛教 文化에서 派生된 일화 중 하나입니다. 이 이야기는 인생의 진리와 깨달음의 중요성을 보여줍니다.

옛날 어느 나라에 한 스님이 살고 있었습니다. 그 스님은 자신이 깨달음을 얻었다는 이야기를 듣고 찾아온 사람들에게 자신의 깨달음을 전하곤 했습니다. 그러나 스님이 전하는 이야기는 매우 深奧하고 어렵기 때문에 사람들은 理解하지 못했습니다.

어느 날 그 스님은 깨달음의 眞理를 理解할 수 있는 사람이 있다면, 꽃 한 송이를 가져오라고 말했습니다. 그리고 스님은 그 꽃을 보고 그 사람에게 眞理를 傳할 것이라고 約束했습니다.

많은 사람들이 꽃을 가져오려고 했지만, 그들은 스님의 眞理를 理解하지 못했습니다. 그러나 어느 날 한 少女가 스님에게 그녀의 마음에서 나는 眞實의 꽃을 가져왔습니다. 스님은 그 꽃을 보고, 그녀의 瞑想과 內面의 깨달음을 인정하며, 그녀에게 깨달음의 가르침을 傳했습니다.

이 逸話는 깨달음의 重要性과 內面의 깨달음을 찾는 것의 價値를 보여줍니다. 깨달음은 우리가 삶의 眞實을 깨달으며, 內面의 平和와 깨달음을 찾는 것의 始作點입니다. 이 逸話는 우리가 眞實과 깨달음을 向해 나아가는 것의 重要性을 想起시켜주며, 우리의 內面을 照明하고, 智慧와 平和를 찾는 佛敎의 가르침을 보여줍니다.

34

깨달음의 여정

"깨달음의 여정"은 佛敎 文化에서 派生된 逸話 중 하나입니다. 이 이야기는 한 사람의 깨달음을 찾기 위한 旅程과 그 過程을 보여줍니다.

옛날 어느 나라에 한 젊은이가 살고 있었습니다. 그는 人生의 眞理와 意味를 探究하기 爲해 깨달음을 찾기로 決心했습니다. 그래서 그는 스님의 修行을 배우고자 旅行을 떠났습니다.

그는 山과 숲을 거쳐 多樣한 스님들을 만나며 修行과 瞑想을 배웠습니다. 그러나 그는 여전히 眞理와 깨달음을 찾지 못했습니다. 그는 抛棄할 수 없었고, 더 많은 스님들과 對話하고 工夫하기 위해 旅行을 繼續했습니다.

그의 旅程은 몇 年에 걸쳐 지속되었습니다. 그는 굶주림과 추위, 苦痛과 어려움을 겪으며 끊임없이 瞑想하고 수행했습니다. 그의 마음은 점점 깨달음과 평화로움에 가까워지고 있었습니다.

마침내 어느 날, 그는 산 꼭대기에 도달했습니다. 그곳에서

그는 아름다운 風景과 깨달음의 깊은 體驗을 얻었습니다. 그
는 人生의 眞理와 깨달음을 깨우친 瞬間이었습니다. 그는 내
면의 平和와 調和를 찾았으며, 모든 存在와 연결되었다는 깨
달음을 얻었습니다.

이 逸話는 깨달음을 찾기 위한 旅程의 重要性과 그 過程을
보여줍니다. 깨달음은 쉽게 찾을 수 있는 것이 아니며, 그
과정에서 힘들고 어려운 試鍊과 苦痛을 經驗할 수도 있습니
다. 그러나 깨달음을 향한 旅程은 우리가 內面의 平和와 眞
理를 發見할 수 있는 所重한 旅程입니다. 이 일화는 우리에
게 깨달음을 찾기 위한 忍耐와 努力의 重要性을 想起시켜주
며, 佛敎의 가르침을 통해 內面의 平和와 깨달음을 찾는 것
의 價値를 보여줍니다.

깨달음과 인생의 이해

바닥에 떨어진 꽃잎을 보며 깨달음을 얻은 스님

"바닥에 떨어진 꽃잎을 보며 깨달음을 얻은 스님"이라는 佛敎 逸話는, 우리가 自然의 소소한 瞬間들을 통해 깨달음을 얻을 수 있다는 것을 가르쳐줍니다.

옛날 어느 마을에 한 명의 佛敎 스님이 살고 있었습니다. 그 스님은 每日같이 산책을 하며 自然의 아름다움을 感想하고 暝想을 했습니다. 어느 날, 그는 散策 중에 바닥에 떨어진 꽃잎을 발견했습니다. 그 꽃잎은 아주 아름답게 흩어져 있었습니다.

스님은 그 꽃잎을 바라보며 깊은 깨달음을 얻었습니다. 그는 꽃잎이 떨어지면서도 그 아름다움을 지니고 있다는 것을 깨달았습니다. 그리고 그 꽃잎은 다시 大地에 돌아가지만, 그 아름다움은 永遠히 사라지지 않는다는 것을 깨달았습니다.

스님은 이 깨달음을 通해 우리의 存在와 世界의 變化에 대한 깊은 理解를 얻을 수 있다는 것을 깨달았습니다. 꽃잎 하나의 작은 순간이라도 그 아름다움과 변화를 깨달음으로 삼을 수 있다는 것을 깨달았습니다.

이 일화는 불교에서 우리가 자연의 소소한 순간들을 통해 깨달음을 얻을 수 있다는 것을 알려줍니다. 우리는 世上의 變化와 아름다움을 관찰하고 깊이 있게 이해함으로써 깨달음을 얻을 수 있습니다.

따라서, "바닥에 떨어진 꽃잎을 보며 깨달음을 얻은 스님" 이야기는 우리가 自然의 소소한 瞬間들을 通해 깨달음을 얻을 수 있다는 佛教의 가르침을 통해 알려주는 이야기입니다. 이를 통해 우리는 작은 것들에 注目하고 깊은 理解와 깨달음을 얻을 수 있도록 도와줍니다.

한 마을 사람들의 일상 속에서 깨달음을 찾은 이야기

"한 마을 사람들의 日常 속에서 깨달음을 찾은 이야기"는, 우리 周邊의 日常 속에서도 깨달음을 얻을 수 있다는 佛敎의 가르침을 전하는 이야기입니다.

한 마을에는 佛敎 스님이 살고 있었습니다. 그 스님은 마을 사람들에게 佛敎의 가르침을 전해주고자 努力하며, 그들이 깊은 깨달음을 얻을 수 있도록 指導했습니다. 그러나 마을 사람들은 바쁜 日常에 휩싸여 불교의 가르침에 集中하기 어려워했습니다.

스님은 이를 보고 마음에 깊은 苦悶이 생겼습니다. 어떻게 하면 마을 사람들이 日常 속에서 깨달음을 찾을 수 있을까요? 그의 苦悶 끝에 스님은 한 가지 idea를 떠올렸습니다.

그는 마을 사람들을 모아 每週 한 번, 마을 寺院에서 함께 瞑想하는 時間을 가지기로 決定했습니다. 이 瞑想 時間은 모두가 마음을 가다듬고 깨달음을 얻을 수 있는 시간으로 정해졌습니다.

時間이 흐르고, 마을 사람들은 瞑想을 통해 깊은 깨달음을 얻기 시작했습니다. 그들은 日常 속에서도 瞬間의 平和와 깨달음을 發見할 수 있었습니다. 작은 것들에 주목하고, 마음의 안정과 평온을 찾음으로써 깨달음을 얻을 수 있었습니다.

이 逸話는 佛教에서 우리가 日常 속에서도 깨달음을 찾을 수 있다는 것을 가르쳐줍니다. 우리가 마음을 가다듬고 周邊의 작은 것들에 注目하며, 평온하고 깊은 瞬間을 찾음으로써 깨달음을 얻을 수 있습니다.

따라서, "한 마을 사람들의 日常 속에서 깨달음을 찾은 이야기"는 우리가 日常 속에서도 깨달음을 얻을 수 있다는 佛教의 가르침을 통해 알려주는 이야기입니다. 이를 통해 우리는 작은 것들에 주목하고, 마음의 平穩과 깊이 있는 瞬間을 찾을 수 있도록 도와줍니다.

깨달음과 인생의 이해

깨달음의 향기

 깨달음은 종종 꽃과 향기와 관련하여 比喩되는 것으로 알려져 있습니다. 꽃은 自然의 아름다움과 純粹性을 象徵하며, 香氣는 그 안에 내포된 깊은 意味와 靈感을 나타낼 수 있습니다.

깨달음의 香氣를 비유적으로 理解하기 위해 한 가지 逸話를 생각해볼 수 있습니다. 예를 들어, 한 스님은 꽃을 觀察하고 그 香氣를 맡으며 깨달음을 얻었다고 합니다. 그는 꽃이 자연의 아름다움과 純粹性을 나타내는 同時에, 存在의 일시적이고 變化無雙한 特性을 깨닫게 되었습니다. 이를 통해 그는 世上의 無常한 아름다움과 모든 存在의 連結性을 깨닫게 되었고, 깊은 內面의 平和와 理解를 얻은 것입니다.

이와 같이 깨달음의 香氣는 심오한 깨달음의 체험과 그 안에 내포된 의미와 영감을 나타낼 수 있습니다. 그러나 실제로 이러한 일화는 個人의 經驗과 理解에 따라 多樣할 수 있으며, 각자의 깨달음은 독특하고 個人的인 것입니다. 따라서 깨달음의 香氣에 대한 逸話나 이야기는 多樣하게 存在할 수 있습니다.

✿ 자비와 연민 ✿

꽃피우는 마음

"꽃피우는 마음"이라는 불교 일화는, 우리가 慈悲와 사랑으로 마음을 여는 것이 얼굴에 꽃을 피우는 것과 같이 아름다운 變化를 가져올 수 있다는 이야기입니다.

옛날 어느 마을에 한 명의 佛敎 스님이 살고 있었습니다. 어느 날 그 스님은 마을 사람들에게 마음의 慈悲와 사랑의 重要性을 가르치기 위해 이야기를 했습니다.

스님은 말했습니다. "우리의 마음은 마치 꽃과 같습니다. 꽃은 햇빛과 물을 받아 피어납니다. 마찬가지로 우리의 마음도 慈悲와 사랑의 햇빛과 물을 받으면 피어납니다. 하지만 우리가 理解心과 寬容心, 그리고 사랑을 가지고 있지 않다면 마음은 말라 있고 꽃은 피지 않을 것입니다."

스님은 계속해서 이야기했습니다. "마음에 慈悲와 사랑을 심으면, 우리는 다른 사람들과의 關係에서 幸福을 느낄 수 있고, 狀況에 따라 變化하는 마음을 가질 수 있습니다. 慈悲와 사랑은 우리를 선한 行動과 配慮로 이끌어주며, 그 結果로 우리 周邊에 아름다운 變化를 일으킬 수 있습니다."

이 일화는 佛敎에서 우리가 마음에 慈悲와 사랑을 심어야 함을 강조하는 이야기입니다. 우리가 慈悲와 사랑으로 마음을 여는 것은 우리 自身과 다른 사람들에게 幸福과 平和를 가져다줄 뿐만 아니라, 우리 주변에 아름다운 變化를 일으킬 수 있다는 것을 알려줍니다.

따라서, "꽃피우는 마음" 이야기는 우리가 慈悲와 사랑으로 마음을 여는 것의 重要性을 佛敎의 가르침을 통해 알려주는 이야기입니다. 이를 通해 우리는 마음에 慈悲와 사랑을 심어 아름다운 變化를 이룰 수 있도록 도와줍니다.

45

바위를 뒤집는 개구리

"바위를 뒤집는 개구리"라는 佛教 逸話는 忍耐와 謙遜의 重要性을 알려주는 이야기입니다. 이 逸話는 다음과 같은 內容을 담고 있습니다:

한 번 홍삼산에 살고 있는 개구리가 있었습니다. 어느 날 개구리는 큰 바위 아래에 숨어서 쉬고 있었습니다. 그런데 어떤 사람이 개구리의 숨은 곳을 발견하고 바위를 뒤집어버렸습니다.

개구리는 화가 나서 그 사람에게 말했습니다. "왜 바위를 뒤집으셨어요? 제가 숨을 곳을 찾기 힘들게 만들었어요!"

하지만 그 사람은 개구리에게 돌아서며 이렇게 말했습니다. "너도 다른 곳을 찾아보면 되지. 그냥 뒤집힌 바위 밑을 봐!"

개구리는 혼자서 다른 숨을 곳을 찾기로 했습니다. 하지만 어떤 이유에서인지 다른 곳에서도 마음에 들지 않았습니다. 결국 다시 그 바위 아래로 돌아왔습니다.
그런데 개구리가 다시 바위 아래로 돌아왔을 때, 개구리는

자비와 연민

놀라운 일을 發見했습니다. 바위 밑에는 신선하고 맛있는 벌레들이 가득히 있었습니다. 개구리는 매우 기뻤고, 그동안의 불편함과 화남은 사라졌습니다.

이 일화는 개구리가 처음에는 불편함과 화남을 느끼지만, 겸손하게 狀況을 받아들이고 다시 그 자리로 돌아가면서 補償을 얻는 이야기입니다. 개구리가 忍耐心을 갖고 謙遜한 姿勢를 유지하며 어려움을 克服하고 보상을 얻는 것을 通해 인내와 謙遜의 價値를 強調하고 있습니다.

47

자비와 연민

옛날 어느 마을에서 가난한 구두 修繕工이 살고 있었습니다. 구두 修繕工은 무거운 일과 가난으로 苦生하며 살아갔지만, 그는 恒常 자비로운 마음과 憐憫을 갖고 있었습니다.

어느 날, 구두 修繕工은 孤兒인 한 少年을 마을에서 發見했습니다. 그 소년은 허름하고 낡은 옷을 입고 배고프고 외로워 보였습니다. 구두 修繕工은 소년에게 따뜻한 食事와 새 옷을 주었고, 그를 가족처럼 대해주었습니다. 그리고 소년은 구두 修繕工을 사랑하고 尊敬하게 되었습니다.

時間이 지나고, 그 소년은 慈悲로운 구두 修繕工의 影響을 받아 自身도 다른 사람들을 도우며 慈悲와 憐憫을 實踐하기 始作했습니다.

그는 가난한 이웃을 도와주고, 어려운 이들을 위해 自身의 財産과 時間을 기부했습니다. 이렇게 소년의 慈悲와 憐憫은 더 많은 사람들에게 퍼져나가게 되었습니다.

이 일화는 자비와 연민의 힘이 어떻게 더 큰 善行으로 이어질 수 있는지를 보여줍니다.

한 사람의 자비로운 行動이 다른 사람에게 영감을 주고, 그들도 마찬가지로 慈悲와 憐愍을 실천하게 되는 것입니다. 이러한 자비와 연민은 우리의 世上을 더 아름답고 豊饒롭게 만들어주는 重要한 價値입니다.

49

아낌없는 나눔의 이야기

"아낌없는 나눔의 이야기"는 佛敎에서 가르치는 대자(大慈)의 가치를 나타내는 이야기 중 하나입니다. 이 이야기는 불교의 핵심 가르침 중 하나인 "慈悲"와 "나그네 호의"에 관련된 내용을 담고 있습니다.

이 이야기에 따르면, 한 번 사는 人間의 삶은 무엇보다 所重하고 有限합니다. 그래서 우리는 慈悲로운 마음을 갖고, 다른 사람들과 動物들을 돕고 나눔을 實踐해야 한다는 것을 배웁니다.

佛敎에서는 아낌없는 나눔을 통해 自我의 貪慾과 利己心을 克服하고, 다른 存在와의 連結과 相互依存性을 理解하며 共生하는 것을 强調합니다. 자비롭고 나그네 好意的인 마음을 가지고 모든 存在에 대해 配慮하고 도움을 주는 것은 自我의 繁榮과 모든 存在의 幸福을 이룰 수 있는 길이라고 佛敎는 가르칩니다.

이러한 아낌없는 나눔의 이야기는 우리에게 慈悲롭고 寬容的인 態度를 가지고 다른 이들과 나눔하는 重要性을 想起시켜 줍니다. 그리고 이를 通해 우리는 自我의 번영과 모든 存在의 幸福을 實現할 수 있는 길을 찾을 수 있습니다.

자비와 연민

자비의 꽃

"자비의 꽃"은 불교에서 중요한 價値 중 하나인 慈悲(愛情과 同情心)를 나타내는 比喩的인 表現입니다. 이는 佛敎 修行者가 他人을 理解하고 돌봄으로써 모든 存在에 대한 愛情과 同情心을 表現하는 마음가짐을 말합니다.

慈悲의 꽃은 佛敎에서 慾望과 利己心을 버리고, 他人에게 同情心과 愛情을 베풀며 世上을 더 나은 곳으로 만들어 나가는 것을 象徵합니다. 佛敎에서는 慈悲의 꽃을 피우는 것이 우리가 自我의 繁榮과 모든 存在의 幸福을 實現하는 길이라고 가르칩니다.

자비의 꽃은 우리가 自我 中心的인 思考와 行動에서 벗어나서 他人을 理解하고 돌봄으로써 相互依存的인 關係와 連結을 形成하는 것을 强調합니다. 이는 우리가 慈悲와 同情心을 발휘하여 他人을 도와주고 힘들어하는 이들에게 希望과 慰勞를 傳達하는 것을 意味합니다.

佛敎에서는 慈悲의 꽃을 피우는 것을 통해 우리는 自我의 繁榮과 解放을 實現할 뿐만 아니라, 더 나은 世上을 具現하기 위해 努力하고 獻身할 수 있습니다.

따라서, "자비의 꽃"은 불교에서 우리가 他人을 理解하고 돌봄으로써 愛情과 同情心을 實踐하는 것의 重要性을 強調하는 이야기입니다. 이를 통해 우리는 內面的으로 더 따뜻하고 連結된 삶을 살아갈 수 있습니다.

52

무한한 용서

"무한한 용서" 라는 佛敎 逸話는, 우리가 어떻게 용서의 마음으로 살아갈 수 있는지를 보여주는 이야기입니다.

한때, 어떤 貴族이 적국에 의해 죽임을 당했습니다. 그의 아들은 아버지를 죽인 敵國에 대한 憤怒와 怨恨을 품고 살아갔습니다. 그러나 어느 날, 그는 불교 修行者를 만나고 그에게 容恕와 寬容의 價値를 배웠습니다.

그 수행자는 그에게 "너의 아버지를 죽인 것은 그들의 악한 행동일 뿐이지, 그들도 모두 苦痛과 아픔을 느끼고 있을 것입니다. 너는 그들을 容恕하고, 그들과 함께 고통과 아픔을 나누어야합니다." 라고 말했습니다.

그 아들은 그 말을 듣고, 容恕와 寬容의 價値를 깨달았습니다. 그는 적국을 容恕하고, 그들과 함께 苦痛과 아픔을 나누는 새로운 삶을 시작했습니다.

이 逸話는 佛敎에서 우리가 어떻게 容恕와 寬容의 마음으로 살아갈 수 있는지를 보여주는 이야기입니다. 불교는 우리에게 人間關係에서 容恕와 寬容의 價値를 배우고, 그것을 통해 새로운 삶을 始作할 수 있는 方法을 알려줍니다.

따라서, "무한한 용서" 이야기는 우리가 용서와 관용의 마음
으로 살아갈 수 있고, 그것을 通해 새로운 삶을 시작할 수
있는 佛敎의 가르침을 나타내는 이야기입니다. 이를 통해 우
리는 우리 자신과 他人을 容恕하고, 寬容의 마음으로 살아가
며, 더 나은 삶을 찾을 수 있습니다.

관용의 자비로운 마음

"관용의 자비로운 마음"은 佛教에서 由來된 일화 중 하나입니다. 이 이야기는 寬容과 慈悲의 重要性을 强調합니다.

옛날 어느 마을에 한 스님이 살고 있었습니다. 그 스님은 모든 사람을 사랑하며, 그들에게 자비와 관용을 베풀었습니다. 어느 날, 그 스님은 마을에서 한 소년이 도둑질을 하고 있다는 所聞을 듣게 되었습니다. 그 스님은 少年을 찾아 그를 自身의 집으로 불러들였습니다.

그리고 그 스님은 소년에게 飮食을 待接하며 그에게 말했습니다. "어디서 왔나요? 가족이 있나요? 무엇 때문에 도둑질을 하게 되었나요?"

소년은 그 스님의 質問에 答하며 자신의 이야기를 털어놓았습니다. 그리고 그 스님은 소년을 다시 돌아보며 말했습니다. "나는 너를 비난하지 않을 것이다. 대신 너를 理解하고 도와줄 것이다."

그 스님은 소년에게 음식과 전복을 주며 그에게 말했습니다. "너는 이 飮食과 전복을 먹고, 나의 집에서 머물러도 좋다.

하지만 너는 다시 도둑질을 하지 말아야 한다."

소년은 그 스님의 慈悲와 寬容에 感動하여, 그의 말을 지켰습니다. 그리고 그 스님은 소년에게 尊敬과 사랑을 받았습니다.

이 逸話는 慈悲와 寬容의 重要性을 强調합니다. 우리는 다른 사람들을 이해하며, 그들의 고통과 어려움을 共感해야 합니다. 그리고 우리는 자비와 관용을 통해 그들을 돕고 지지해야 합니다. 이렇게 함으로써, 우리는 서로를 理解하고 사랑하는 마음으로 살아갈 수 있습니다.

자비와 연민

한줄기 빛의 선행

"한줄기 빛의 선행"은 佛敎에서 유래된 逸話 중 하나입니다. 이 이야기는 자비와 관용으로 인해 현명한 決定을 내릴 수 있다는 것을 强調합니다.

옛날 어느 마을에 한 스님이 살고 있었습니다. 어느 날, 그 스님은 마을 밖으로 나가서 山쪽으로 걸어갔습니다. 그러던 중, 그 스님은 작은 고양이 한 마리를 發見했습니다. 그 고양이는 죽어가고 있었고, 그 스님은 그 고양이를 안고 다시 마을로 돌아왔습니다.

그리고 그 스님은 그 고양이를 데리고 마을 안에 있는 한 집으로 가서, 집 주인에게 말했습니다. "이 고양이는 죽어가고 있습니다. 당신은 이 고양이를 더 잘 돌볼 수 있을 것입니다."

집 주인은 그 스님의 말에 感謝하며 그 고양이를 돌보았습니다. 그리고 그 고양이는 回復하여 다시 健康해졌습니다.

몇 년 후, 그 스님은 그 마을을 떠나 새로운 곳으로 移徙하였습니다. 그러던 중, 그 스님은 다시 그 마을로 돌아오게 되었습니다. 그리고 그 스님은 마을 周邊에서 돌아다니며, 한 집에서 작은 빛 한 줄기를 발견했습니다. 그 빛의 주인은 그 스님이 도왔던 그 집 主人이었습니다.

그 스님은 말했습니다. "당신은 어떻게 그렇게 밝은 빛을 내고 있습니까?" 그 집 主人은 말했습니다. "당신이 이 고양이를 데리고 왔을 때, 나는 그 고양이를 돌보며 많은 것을 배웠습니다. 그것이 바로 그 빛입니다."

이 일화는 慈悲와 寬容의 重要性을 强調합니다. 우리는 다른 사람들을 理解하며, 그들의 苦痛과 어려움을 共感해야 합니다. 이렇게 함으로써, 우리는 현명한 決定을 내리고, 올바른 길을 걸을 수 있습니다.

자비와 연민

자비심으로 살아가는 선한 사람

"자비심으로 살아가는 선한 사람"은 불교에서 유래된 일화 중 하나입니다. 이 이야기는 慈悲와 善한 行動으로 인해 幸福과 人情을 얻을 수 있다는 것을 강조합니다.

옛날 어느 마을에 善良하고 자비로운 한 사람이 살고 있었습니다. 그 사람은 어려운 이웃을 돕기 위해 항상 노력했습니다. 어떠한 상황에서도 그는 慈悲心을 가지고 다른 사람들을 돕고 支持했습니다.

한 날, 그 사람은 마을 周邊의 숲에서 길을 잃은 사냥꾼을 발견했습니다. 사냥꾼은 귀한 사슴을 잡기 위해 수풀 속으로 들어갔지만, 길을 잊어버렸습니다. 어둡고 무서운 숲에서 길을 찾지 못하는 사냥꾼은 절망적인 狀況에 처했습니다.

자비로운 사람은 사냥꾼을 발견하고, 그를 案內하여 숲을 벗어나게 했습니다. 그리고 그 사람은 사냥꾼에게 말했습니다. "당신은 사슴을 잡지 않아도 됩니다. 사슴은 숲에서 자유롭게 살아가야 합니다. 대신 숲의 아름다움을 즐기세요."

사냥꾼은 그 사람의 말에 感謝하며 사슴을 놓아주었습니다.

그 以後로, 사냥꾼은 사냥을 그만두고, 대신 숲의 아름다움을 즐기며 生態 保全에 기여하기 시작했습니다.

이 일화는 慈悲心과 선한 行動으로 인해 幸福과 人情을 얻을 수 있다는 것을 보여줍니다. 우리는 다른 사람들을 理解하고 돕는 데에 努力해야 합니다. 慈悲心과 선한 行動은 우리 自身과 周邊의 世上을 더욱 아름답게 만들어줍니다.

자비와 연민

나무는 돌을 꺾을 수 없다

"나무는 돌을 꺾을 수 없다"라는 이야기는 古代 인도의 修道師가 修行 중에 생긴 이야기입니다. 이 수도사는 산속에서 瞑想과 修行을 하면서 깨달음을 얻고자 했습니다. 그러던 중에 수도사는 돌을 보고 "나무는 돌을 꺾을 수 없다"라는 생각이 들었습니다. 그래서 돌을 꺾으려고 애썼지만 어떻게 해도 꺾을 수 없었습니다.

이러한 經驗을 통해 수도사는 自身의 限界와 어리석음을 깨달았습니다. 돌은 단단하고 강한 存在이지만 나무는 그보다 더 강하고 굽힐 수 없다는 것을 알게 되었습니다. 이를 통해 수도사는 자신의 傲慢과 自慢心을 깨닫고, 謙遜하고 謙虛한 態度를 갖추는 것의 重要性을 깨달았습니다.

"나무는 돌을 꺾을 수 없다"라는 이야기는 자신의 한계를 認識하고 겸손해지는 것이 중요하다는 佛敎의 가르침을 나타냅니다. 이 이야기는 우리에게 自慢心을 버리고 謙遜한 마음가짐으로 삶을 살아가는 智慧를 전해줍니다.

작은 밭의 연못

옛날 中國의 한 작은 마을에 사는 사람들 중에서도 불교 修行을 위해 努力하는 한 사람이 있었습니다.

그 사람은 작은 밭에서 농사를 짓고, 그 밭에 작은 연못을 만들었습니다. 그러나 연못은 작아서 물이 얕고 깨끗하지 못했습니다. 그래서 佛敎 修行을 위해 연못을 깨끗하게 만들기로 決心한 그 사람은 어마어마한 努力을 기울였습니다.

하루아침에 모든 것이 완벽해지지 않았지만, 그는 꾸준한 노력으로 연못의 물을 계속 淨化시키고 아름답게 가꾸었습니다.

그러나 어느 날 한 사람이 지나가며 그의 노력을 바라보고 말했습니다. "작은 연못에 물을 담아 무엇을 하겠어?" 그 사람은 그 말을 듣고 깨달음을 얻었습니다.

"작은 밭의 연못"은 우리가 작은 것에서도 노력하고 꾸준히 努力하는 佛敎的인 가르침을 담고 있습니다. 작은 것이라도 最善을 다하고 꾸준한 努力을 통해 내면의 물을 정화하고 아름답게 만들어 나가는 것이 중요하다는 것을 전해줍니다.

"작은 밭의 연못을 깨끗하게 만들려고 애쓰는 것은 헛된 일이야. 이 작은 연못에 물을 담아 무엇을 하겠어?"라는 말은

한 사람이 佛敎 수행을 하는 사람에게 한 말입니다. 이 말은
그 사람의 노력이 작고 소소한 것에 비해 無意味하다는 意
味로 들릴 수 있습니다.

하지만 이 말은 깊은 佛敎的인 가르침을 담고 있습니다.
   작은 연못이라도 그 안에 물을 담는다는 것은 우리가 작
은 것에서부터 시작하여 선한 行動을 實踐한다는 意味입니
다.
   작은 연못이라도 그 안에 물을 담아 나아가면 그 작은 연
못은 어느새 큰 호수가 될 수 있습니다. 그렇게 되면 그 호
수는 주변의 생명들에게 풍요와 삶의 기회를 제공할 수 있
습니다.

따라서, "작은 밭의 연못을 깨끗하게 만들려고 애쓰는 것은
헛된 일이야. 이 작은 연못에 물을 담아 무엇을 하겠어?"라
는 말은 작은 것에서도 努力하고 선한 行動을 實踐하는 價
値를 强調하는 것입니다. 우리가 작은 일에도 最善을 다하고
선한 影響力을 펼치면 그 結果는 결코 헛되지 않고, 큰 변화
와 肯定的인 影響을 가져올 수 있습니다.

이 작은 연못에 물을 담는다면, 여러 가지 可能性이 열릴 수
있습니다. 몇 가지 생각을 해볼까요?

1. 생태 보전: 작은 연못을 깨끗하게 유지하면 그 주변 생태

계에 肯定的인 영향을 줄 수 있습니다. 작은 연못은 다양한 동물과 植物들에게 棲息地를 제공하고, 생물 多樣性을 증진시킬 수 있습니다.

2. 미적 가치: 작은 연못은 아름다운 風景을 만들어줄 수 있습니다. 맑고 깨끗한 물이 반사되어 自然의 아름다움을 感想할 수 있으며, 연못 周邊에 심은 꽃이나 나무들이 아름다운 景觀을 完成시킬 수 있습니다.

3. 餘暇 活動: 작은 연못은 休息과 여가 활동의 場所로 활용될 수 있습니다. 연못 주변에 벤치를 놓거나 조용한 산책로를 조성하여 사람들이 쉬고 즐길 수 있는 場所로 만들 수 있습니다.

4. 教育的 價值: 작은 연못은 자연 교육의 일환으로 활용될 수 있습니다. 周邊의 生態界와 연관된 教育 프로그램을 개발하고, 어린이나 學生들에게 자연 환경에 대한 理解를 높여줄 수 있습니다.

이렇듯 작은 연못에 물을 담는 것은 여러 가지 意味 있는 活動을 可能하게 합니다. 작은 것에서도 努力하고 關心을 기울이면서, 작은 연못을 통해 自然과 사람들에게 肯定的인 影響을 줄 수 있는 方法을 찾아보는 것은 헛된 일이 아닙니다.

기분좋은 장미꽃

佛敎에서는 장미꽃을 逸話로 사용하여 기분 좋은 이야기를 전달하기도 합니다. 예를 들어, "장미꽃이 피면 비로소 새로운 世界가 펼쳐진다"라는 俗談이 있습니다. 이는 장미꽃이 아름다운 꽃으로 피어나면 새로운 機會와 삶의 可能性이 열린다는 의미를 담고 있습니다.

장미꽃은 佛敎에서도 아름다움과 純潔性의 상징으로 여겨집니다. 佛敎에서는 장미꽃의 아름다움과 香氣를 통해 순수하고 깨끗한 마음을 유지하는 것의 重要性을 強調합니다. 장미꽃은 마음의 平和와 調和를 象徵하며, 그 아름다움은 우리가 內面의 아름다움을 발견하고 世上과 조화롭게 살아갈 수 있음을 想起시킵니다.

따라서, 장미꽃은 불교에서 기분 좋은 이야기와 함께 아름다움과 純潔性, 內面의 調和를 상징하는 중요한 상징물 중 하나입니다. 장미꽃의 아름다움과 의미를 통해 우리는 純粹하고 平和로운 마음을 유지하며, 世上과 調和롭게 살아가는 의지를 갖게 될 수 있습니다.

나무 아래서의 겸손

"나무 아래서의 겸손"은 불교에서 由來된 일화 중 하나입니다. 이 이야기는 謙遜과 自己反省의 重要性을 强調합니다.

옛날 어느 마을에 한 스님과 그의 제자가 살고 있었습니다. 어느 날, 그들은 산쪽으로 旅行을 떠났습니다. 길가에는 아름다운 나무가 자리하고 있었습니다. 제자는 나무를 보면서 스님에게 말했습니다. "스님님, 이 나무들은 그래도 우리보다 더 크고 강한 것 같아요. 어떻게 그들이 이렇게 커지고 강해질 수 있었을까요?"

스님은 제자를 끌고 나무 아래로 내려갔습니다. 그리고 제자에게 말했습니다. "나무 아래로 내려오게 되면, 우리는 나무보다 더 커보입니다. 나무는 그들의 크기와 강함을 자랑하지 않습니다. 그들은 그저 바람과 빗방울을 견디며, 그들의 役割을 조용히 수행합니다. 이것이 바로 나무 아래서의 謙遜입니다."

제자는 스님의 가르침을 받아들이며, 自己反省과 謙遜의 重要性을 깨달았습니다.

이 일화는 나무 아래에서의 謙遜을 통해 自己를 돌아보고 自己反省을 가지는 것의 重要性을 強調합니다. 겸손은 인생에서 항상 存在해야 하는 德目 중 하나입니다.

자비와 연민

자비로운 마음

옛날 어느 나라에 자비로운 王이 있었습니다. 王은 항상 國民들을 配慮하고 돕기 위해 努力했습니다. 그러던 어느 날, 왕은 都市를 통과하며 한 시골 마을에 들렀습니다. 마을 사람들은 왕의 到着을 알고 많이 모여 王을 맞이하였습니다.

그런데 왕은 한 가난한 老人을 발견했습니다. 노인은 몸이 약해 지탱하기 힘들 정도로 노령이 아니었습니다. 왕은 노인에게 다가가 자비로운 마음으로 그를 돕고자 했습니다.

王은 노인에게 귀중한 寶石으로 粧飾된 의자를 선물하였고, 풍성한 飮食과 醫療 서비스를 제공했습니다. 또한 왕은 그 노인을 宮으로 초대하여 편안한 環境에서 생활할 수 있도록 配慮했습니다.

이렇게 왕의 자비롭고 配慮心 넘치는 行動으로 인해 노인은 感動하며 感謝의 눈물을 흘렸습니다. 그리고 왕의 배려를 받으면서 노인은 健康이 回復되고 幸福한 生活을 즐길 수 있었습니다.

이 逸話는 자비로운 마음이 얼마나 큰 影響을 미칠 수 있는지를 보여줍니다. 왕의 작은 行動으로 인해 老人은 새로운 희망과 기쁨을 찾을 수 있었으며, 그의 삶이 肯定的으로 변화했습니다. 慈悲로운 마음은 우리가 더 나은 世上을 만들고 다른 사람들에게 希望과 幸福을 전할 수 있는 힘을 갖고 있습니다

자비와 연민

자비로운 행동

옛날 어느 나라에 한 소년이 살고 있었습니다. 그 소년은 가난한 家庭에서 자랐지만 항상 慈悲로운 마음을 갖고 있었습니다. 어느 날, 그 소년은 숲에서 길을 잃은 사람을 만났습니다. 그 사람은 지친 모습이었고 길을 찾지 못하고 헤매고 있었습니다.

소년은 慈悲心을 느끼며 그 사람에게 다가갔습니다. 그는 사람을 案內하여 집까지 안전하게 도와주었습니다. 소년은 또한 그 사람에게 음식과 물을 제공하고, 그에게 돌아가는 길을 가르쳐주었습니다.

한참 후, 少年은 그 사람이 古代의 神인 것을 알게 되었습니다. 그 신은 소년의 자비로운 行動에 感動하였고, 소년에게 感謝의 인사를 전하며 특별한 膳物을 주었습니다. 이를 통해 소년은 家庭에서 不足한 것을 채울 수 있었고, 그의 家族과 이웃들도 그의 자비로운 行動에 影響을 받아 幸福한 삶을 살게 되었습니다.

이 逸話는 어떻게 慈悲로운 行動이 우리 周邊의 사람들과 세상을 肯定的으로 변화시킬 수 있는지를 보여줍니다. 작은

慈悲로운 行動이 큰 影響을 미칠 수 있으며, 우리는 서로에게 慈悲와 配慮를 베풀어 나가는 것이 重要하다는 것을 想起시켜 줍니다.

한송이 꽃의 선한 행실

불교 일화 중에서 한송이 꽃의 善한 行實에 관한 이야기가 있습니다. 이 逸話는 "한송이 꽃이 선한 행실로 인해 人間의 삶에 肯定的인 變化를 가져온다"라는 內容을 담고 있습니다.

한때, 한 소년이 마을에서 佛敎 스님이 가르치는 修行을 배우기 위해 스님의 修道院에 찾아갔습니다. 소년은 熱情的으로 修行을 시작했지만, 時間이 지날수록 힘들고 지치게 되었습니다. 그는 자신의 能力에 疑問을 갖고 抛棄하려 하던 찰나, 修道院에 있는 작은 庭園에서 한송이 꽃이 피어났습니다.

소년은 그 꽃을 보며 感動을 받았습니다. 그 꽃은 작지만 아름답고 선한 香氣를 풍기며 주변에 希望과 기쁨을 전달했습니다. 그리하여 소년은 자신이 한송이 꽃처럼 작지만 선한 行實을 실천하면 주변에 肯定的인 影響을 줄 수 있다는 깨달음을 얻었습니다.

이후 소년은 修行을 다시 시작하고, 佛敎의 가르침을 실천하며 자기 改善에 노력했습니다. 그의 선한 行實과 肯定的인 모습은 주변 사람들에게 영감을 주었고, 마을 전체가 조화롭고 平和로운 곳이 되었습니다. 한송이 꽃이 피어나는 것처럼, 그의 선한 行實이 人間의 삶에 아름다움과 希望을 가져온 것입니다.

이 일화는 작은 行動의 重要性과 善한 行實이 어떻게 주변에 肯定的인 影響을 미칠 수 있는지를 가르쳐줍니다. 작은 꽃 하나가 세상을 아름답게 만들 수 있다는 것처럼, 우리도 작은 日常 속에서 선한 행동을 實踐하여 주변에 肯定的인 變化를 일으킬 수 있습니다.

佛敎에서는 장미꽃을 逸話로 사용하여 기분 좋은 이야기를 전달하기도 합니다. 예를 들어, "장미꽃이 피면 비로소 새로운 世界가 펼쳐진다"라는 俗談이 있습니다. 이는 장미꽃이 아름다운 꽃으로 피어나면 새로운 機會와 삶의 可能性이 열린다는 意味를 담고 있습니다.

장미꽃은 불교에서도 아름다움과 純潔性의 象徵으로 여겨집니다. 불교에서는 장미꽃의 아름다움과 香氣를 통해 純粹하고 깨끗한 마음을 維持하는 것의 重要性을 강조합니다. 장미꽃은 마음의 平和와 調和를 상징하며, 그 아름다움은 우리가 內面의 아름다움을 발견하고 世上과 조화롭게 살아갈 수 있음을 想起시킵니다.

따라서, 장미꽃은 佛敎에서 기분 좋은 이야기와 함께 아름다움과 純潔性, 內面의 調和를 상징하는 重要한 象徵物 중 하나입니다. 장미꽃의 아름다움과 意味를 통해 우리는 純粹하고 平和로운 마음을 유지하며, 世上과 調和롭게 살아가는 의지를 갖게 될 수 있습니다.

자비와 연민

자비로운 삶의 지향점

한 명의 스님과 그의 제자들이 함께 살고 있었습니다. 스님은 자비로운 삶을 지향하며, 그의 제자들에게 항상 그 禮를 보여주곤 했습니다.

어느 날, 스님과 그의 제자들은 산길을 걷고 있었습니다. 그리고 길가에 나무 위에 걸린 새의 둥지를 보게 되었습니다. 둥지 안에는 새끼 새들이 있었고, 그들은 시끄럽게 울고 있었습니다. 스님은 그 새들이 굶어 죽지 않도록 먹이를 주는 것이 좋겠다고 생각했습니다.

그러나 자신들이 가진 것이 많지 않았기 때문에 스님의 제자들은 이에 反對했습니다. 그들은 스님에게 "우리가 이제 먹어야 할 것들을 새끼 새들에게 주는 건 어떨까요?" 라고 말했습니다. 스님은 제자들의 말을 듣고 그들에게 조금만 기다리라고 말했습니다.

그리고 스님이 가까운 마을로 가서 먹이를 사오기 시작했습니다. 그리고 그의 제자들은 스님을 기다리기 시작했습니다. 하지만 스님은 매우 늦게 돌아왔습니다. 그러나 그는 손에 먹이를 가지고 있었습니다. 그리고 그는 새끼 새들에게 먹이를 주었습니다.

스님의 제자들은 매우 놀랐습니다. 그들은 스님이 자비로운 삶을 指向하고, 그것을 예로 보여주며, 自己 利益보다도 다른 存在들의 生命과 幸福을 더 重要하게 생각한다는 것을 깨달았습니다.

이 일화는 우리가 慈悲로운 삶을 指向하면서 다른 存在들의 生命과 幸福을 尊重하는 것이 얼마나 중요한지를 보여줍니다. 스님이 그의 제자들에게 보여준 것처럼, 우리는 慈悲와 配慮를 實踐하며 서로에게 도움을 주는 삶을 살아가야 한다는 것을 想起시켜 줍니다.

자비와 연민

자비심과 연민의 확장

오랜 옛날 中國에서 한 농부가 살고 있었습니다. 이 농부는 매우 부지런하고 노력하는 사람이었지만, 그의 家庭은 가난했습니다. 어느 날, 그는 자신의 일을 마치고 집으로 돌아오는 길에, 마을 주변에서 유리를 담는 일을 하는 소녀를 만났습니다.

소녀는 매우 순수하고 예쁜 모습을 하고 있었지만, 그녀의 눈은 아주 어둡고, 손은 작고 얇았습니다. 농부는 그녀의 삶의 어려움을 느끼며, 그녀에게 도움을 주기로 決心했습니다.

그래서 그는 그녀를 자신의 집에 초대하여, 그녀에게 飲食과 宿泊을 제공했습니다. 그리고 그녀에게 화분 몇 개와 함께, 유리를 담는 일을 그의 농장에서 하도록 제안했습니다.

그녀는 그의 제안을 받아들이고, 그녀와 농부는 함께 일하며 서로를 도우며 지낼 수 있었습니다. 그녀는 자신의 일을 열심히 하며, 농부의 도움으로 그녀의 유리 일은 發展하고 繁盛하였습니다.

그리고 그녀는 다른 사람들에게 그녀의 經驗을 나누며, 그녀와 농부는 慈悲心과 憐憫의 擴張을 보여주었습니다. 이 일화는 우리가 서로를 돕고, 서로를 尊重하며, 자비와 연민을 實踐하면 우리 周邊의 世上이 얼마나 밝아지는지를 보여줍니다. 또한 우리는 自身의 삶에 共感하며 다른 사람들의 어려움을 理解하고, 그들에게 더욱 따뜻한 마음으로 다가가야 한다는 것을 상기시켜 줍니다.

자비와 연민

✿ 인생의 가치와 목표 ✿

선한 행동과 가치

한 번 어느 마을의 수장님이 마을 사람들을 모아 말했습니다.

"이 마을에서는 최근에 動物들에 대한 暴力性이 增加하고 있습니다. 우리는 서로를 尊重하고 서로를 돕는 文化를 갖춰야 합니다. 이를 위해, 오늘부터 당신들 중 누구든지 어떤 동물을 죽인다면, 100달러를 내야 합니다."

그리고 몇 일 후, 이 마을에서 한 사람이 自身이 사냥한 사슴을 가져와 수장에게 보여주었습니다. 수장은 그 사람에게 100달러를 받았고, 그 사람은 마을에서 모두가 尊敬하는 사람이 되었습니다.

그리고 數年 後, 마을에서는 이 法則이 그대로 적용되고 있었습니다. 이 마을에서는 動物들에 대한 暴力性이 줄어들었으며, 사람들은 서로를 尊重하고 서로를 돕는 文化를 지니게 되었습니다.

이 일화는 우리가 善한 行動을 통해 사회 전체에 肯定的인 變化를 가져올 수 있다는 것을 보여줍니다. 또한, 서로를 尊

重하고 돕는 文化가 가치 있는 것임을 알리며, 우리가 서로
에게 關心을 가지고, 서로의 삶을 尊重하며, 서로의 價値를
認定하는 것이 얼마나 重要한지를 想起시켜 줍니다.

인생의 가치와 목표

선한 인연

옛날 어느 마을에 한 철공과 木工이 살고 있었습니다. 그들은 서로 인연이 없었지만, 우연히 같은 공예 展示會에 참여하게 되었습니다.

鐵工은 자신의 철로 만든 아름다운 보습기를 전시하였고, 목공은 정교하게 만든 나무 그릇을 전시하였습니다. 그러나 전시회가 끝난 뒤에도 그들은 서로의 작품에 대해 관심을 보이지 않았습니다.

그러던 어느 날, 마을에 큰 화재가 발생했습니다. 많은 집들이 불에 타고 사람들이 당황하고 있었습니다. 철공은 그의 보습기를 사용하여 불을 막고, 목공은 그의 나무 그릇에 물을 담아 집을 불에 타지 않게 하였습니다.

이 事件을 계기로 그들은 서로의 因緣을 알게 되었습니다. 그들은 서로를 돕고 지지하며, 함께 일하며 더 나은 作品을 만들어내기 시작했습니다. 그리고 그들의 작품은 사람들 사이에서 큰 人氣를 얻었습니다.

이 逸話는 우리가 어떤 사람과 偶然히 만나더라도 그 사람과의 因緣을 소중히 여기고 서로를 돕고 支持해야 한다는 것을 보여줍니다. 또한, 우리는 서로의 長點과 能力을 인정하고 협력하여 더 큰 成果를 이룰 수 있다는 것을 상기시켜 줍니다.

선한 힘과 영향력

옛날 어느 王國에 한 王子가 있었습니다. 이 왕자는 힘이 강하고 影響力이 큰 사람이었지만, 자신의 힘을 남을 돕는 데 사용하지 않았습니다. 그는 自己中心的인 삶을 살며, 周邊 사람들을 排斥하고 無視했습니다.

어느 날, 왕자는 숲으로 가족과 함께 산책을 나갔습니다. 그리고 숲에서 한 老人을 만났습니다. 노인은 몸이 약하고 힘들어하는 모습이었습니다. 그러나 왕자는 노인을 무시하고 지나갔습니다.

하지만 노인은 왕자에게 말을 걸었습니다. "왕자님, 제가 도움이 필요합니다. 제 몸은 약하고 힘이 없어서 일상 생활을 할 수가 없어요."

王子는 老人을 바라보며 苦悶했습니다. 그리고 갑작스럽게 마음이 움직였습니다. "나는 힘이 강하고 영향력이 있는데, 왜 이 사람을 돕지 않았을까?" 왕자는 後悔하며 老人을 도와주기로 결심했습니다.

그 이후로 왕자는 노인을 돕기 위해 힘과 영향력을 사용하기 시작했습니다. 그는 老人을 위해 병원을 건설하고 의료진을 고용하여 치료를 받을 수 있는 環境을 조성했습니다. 또한, 老人들을 위한 복지 프로그램을 만들어 幸福한 老後 生活을 보낼 수 있도록 돕기도 했습니다.

이 逸話는 우리가 힘과 影響力을 가지고 있는 경우에도 그것을 남을 돕는 데 活用해야 한다는 것을 상기시켜줍니다. 서로를 配慮하고 돕는 마음으로 힘을 사용하면, 우리는 주변 사람들에게 肯定的인 影響을 미칠 수 있고, 世上을 더 나은 곳으로 만들 수 있습니다.

아름다운 선행의 결실

佛敎 일화 중에서 "아름다운 선행의 결실"에 관한 이야기가 있습니다. 이 일화는 "善한 行動이 반드시 좋은 結果를 가져온다"라는 內容을 담고 있습니다.

한 때, 佛敎 스님이 수도원에서 수행을 하며, 마을 주민 중 한 사람이 스님에게 다가와 나무 씨앗을 膳物했습니다. 스님은 그 씨앗을 받아들이고 나무를 심어 그것을 돌보았습니다. 그리고 몇 년이 지나 그 나무는 크게 자라나며, 아름다운 꽃과 열매를 맺었습니다.

그러나 이 나무는 그 주민의 사정으로 인해 베어 버려지고 말았습니다. 스님은 그것을 안타까워하며 그 주민에게 물었습니다. "왜 그 나무를 베어버렸나요?" 그 주민은 이유를 설명했습니다. "그 나무는 제가 심어 키웠지만, 이웃 마을에서 온 나무였습니다. 그래서 이웃 마을에서 그 나무의 열매를 가지고 돈을 벌었는데, 이번에는 그 나무가 열매를 맺지 않아서 손해를 보게 되었습니다. 그래서 나무가 더 이상 쓸모가 없어져서 베어버렸습니다."

스님은 그것을 듣고 말했습니다. "당신이 심은 그 나무는 아름다웠고, 善한 열매를 맺었습니다. 당신이 그 나무를 돌보고 사랑했기 때문입니다. 이것은 아름다운 善行으로부터 온 보상입니다. 하지만, 그것을 베어버려서는 안 됩니다. 그 나무는 당신의 善行으로부터 온 報償입니다. 그것을 잘 돌보고 사랑해주세요."

이 일화는 선한 행동이 반드시 좋은 結果를 가져온다는 것을 보여주고 있습니다. 이 주민이 심은 나무가 아름다운 꽃과 열매를 맺은 것은 그가 선한 行動을 했기 때문이며, 그것을 돌보고 사랑한 結果입니다. 이것은 모든 삶에서 선한 행동이 반드시 좋은 결과를 가져온다는 것을 보여주는 좋은 예시입니다.

선한 행동의 효과

한번 어떤 사람이 도로에서 지나가던 중 한 소년을 발견했습니다. 그 소년은 물건을 팔고 돈을 벌어 가족을 지원하고 있었습니다. 그러나 그 소년을 보자, 그 사람은 소년이 팔고 있는 물건 중 하나를 사 주었습니다.

이 사람은 그 이후로 그 소년을 자주 만나게 되었고, 그 소년의 家族을 위해 도움을 주게 되었습니다. 그는 그 소년의 집을 찾아가서 가족들을 만나면서 그들의 어려움을 理解하게 되었습니다.

그 以後로 그 사람은 그 가족을 돕기 위해 努力하였습니다. 그는 그 소년과 그의 가족을 위해 일자리를 찾고, 돈을 기부하고, 그들이 살기에 좋은 환경을 조성하는 등 많은 일을 했습니다.

그리고 몇 년 뒤, 그 少年은 그 사람에게 이렇게 말했습니다. "저를 도와준 것 뿐만 아니라, 제 가족도 도와주셔서 감사합니다. 그 분의 溫情과 努力은 우리 가족에게 큰 意味를 준 것 같아요. 그분이 없었다면, 우리의 삶은 더 어렵고 힘들었을 거예요."

이 逸話는 우리가 작은 善한 행동이라도 하면 그것이 미치는 效果가 얼마나 커질 수 있는지를 보여줍니다. 작은 善한 行動은 우리 주변의 사람들에게 큰 影響을 미칠 수 있으며, 그것이 누적되어 다른 사람들의 삶을 變化시키는 데 기여할 수 있습니다.

선한 힘의 용도

옛날 어느 마을에 한 노인이 살고 있었습니다. 그는 마을에서 모두에게 尊敬받는 사람이었습니다. 그러나 어느 날 노인은 도둑에게 금화를 훔쳐갈 때를 목격했습니다.

노인은 도둑을 잡아들이기 위해 힘을 사용할 수 있었지만, 그는 다른 方法을 선택했습니다. 그는 도둑에게 다가가서 말했습니다. "도둑씨, 왜 도둑질을 하시나요? 제가 도와줄 수 있을까요?"

도둑은 놀란 표정으로 老人을 바라보며 말했습니다. "나는 가난하고 주변에 누군가 도와주는 사람이 없어서 도둑질을 하는 거야."

노인은 도둑의 이야기를 듣고서는 도둑이 처한 어려움에 共感했습니다. 그는 도둑에게 도움을 주기로 결심했습니다. 그는 도둑에게 도둑질 대신에 일자리를 提供해주었고, 도둑의 才能을 살려서 정직한 일을 할 수 있도록 도와주었습니다.

이러한 老人의 善한 힘의 用度로 인해 도둑은 새로운 시작을 할 수 있었습니다. 도둑은 正直하게 일하고 가난한 이웃들을 돕는 데 힘쓰며, 마을 사람들에게 다시 尊敬받는 사람이 되었습니다.

이 逸話는 우리가 힘과 能力을 가지고 있을 때, 그것을 自身의 이익만을 위해 사용하는 것이 아니라 다른 사람들을 돕는 데에 사용할 수 있다는 것을 보여줍니다. 善한 힘의 用度로써 우리는 周邊 사람들에게 肯定的인 影響을 미칠 수 있고, 더 나은 世上을 만들어갈 수 있습니다.

❈ 마음의 평화와 안정 ❈

공덕천(功德天)과 흑암녀(黑暗女)

옛날 궁궐 같은 집을 짓고 사는 부잣집에 하늘에서 금방 내려 온 仙女같이 젊고 아름다운 여인이 온몸에 진주, 보석들을 치장하고 찾아왔다.

美貌와 香氣에 취한 主人이 물었다.

"당신은 누구신지요?" "저는 공덕천입니다."

주인이 다시 물었다. "당신은 왜 우리 집에 왔나요?"

공덕천은 말했다. "나는 이 世上의 모든 福과 幸運들을 모두 모아 당신의 집에 깃들게 하고자 찾아온 天使입니다."

主人은 기뻐서 어쩔 줄 몰라 했다. "그래요 어서 안으로 들어갑시다." 주인은 珍羞盛饌으로 대접하며 들떠 있었다.

바로 그때

門을 두드리는 소리가 들렸다.

主人은 기쁜 마음으로 대문으로 나갔더니 거기에는

때가 잔득 끼고 더러운 넝마를 걸치고,

얼굴은 새까맣고 밉상인데다

주근깨, 기미까지 낀 작은 女子가 서 있었다.

불쾌해진 주인은 얼굴을 찡그리며 당장에

그 여자를 물리쳐 버리려고 했다.

"당신은 누구시요?" "저는 흑암녀라는 여자입니다."

"도대체 우리 집에는 왜 온 것이요?""저는 당신 집으로

수없이 많은 不幸과 不和, 災殃과 疾病, 가난과 나쁜 운수를 깃들게 하러 온 여신입니다." 듣고 主人은 버럭 화를 내면서 내쫓았다. 그러나 흑암녀는 주근깨 가득한 얼굴로 까만 눈은 초롱초롱 빛내면서 이렇게 말했다. "나가라고 하면 나가겠습니다. 그러나 지금 당신 집 안에 들어와 있는 공덕천이란 女人이 나와 쌍둥이 兄弟인데 우리 둘은 보이지 않는 끈이 달려있어서 어디를 가든지 함께 다닐 수밖에 없습니다. 떨어져서는 絶對 못 사는 運命이니 내가 쫓겨난다면 언니도 나를 따라 나올 것이고, 언니가 집에 있는 한 나도 따라 집에 있게 될 것입니다."

이 말을 듣고 주인이 공덕천을 바라보니 공덕천은 微笑를 지으며 고개를 끄덕이고 있었다.

언제나 공덕천과 흑암녀는 함께 다닌다. 선과 악은 언제나 서로를 인연으로 생겨난다.

동전의 앞면만 있을 수는 없다. 앞면은 언제나 뒷면과 함께 생겨나고 함께 사라진다. 선한 사람은 약한 사람을 인연으로 선한 사람이 될 뿐이다. 크다는 것은 작은 것을 인연으로 큰 것이다.

이 모두가 인연이고, 因緣은 언제나 同時生이고 同時滅이다. 대소, 장단, 선악, 생멸, 행복과 불행 등은 언제나 서로를 비추어 주는 거울이다. 언제나 다른 것을 인연으로 인해서 생겨나는 것이기에 둘이 아닌 하나이다.

그러니 좋은 것만 취하려고 애쓰거나, 싫은 것은 버리려 애쓰지 말라. 그 2가지는 사실 하나다.

좋은 것이든 싫은 것이든 있는 그대로, 오는 대로 내버려두라. 있는 그대로 받아들이고 許容해 주라. 좋은 건 취하고 싫은 건 버리는 2가지 양변의 취사선택을 놓아버리면, 비로소 中道의 實踐이 열린다. 받아들임이 始作된다.

출처《「불교 경전과 마음공부」무한 법상 2017.3.6》

마음이 비워지는 맑은 호수

마음이 비워지는 맑은 호수"는 불교에서 자주 언급되는 비유 중 하나입니다. 이 비유는 마음과 관련된 槪念을 설명하기 위해 사용됩니다.

비가 내리면 우리가 비친 모습이 맑은 호수에 비친 것처럼, 마음도 마음에 비친 생각과 感情에 따라 변화합니다. 마음이 否定的인 생각과 感情에 차 있으면 맑은 호수처럼 마음이 맑지 않고 屈曲이 많아지지만, 그 반대라면 마음이 맑아지고 조용해집니다.

이를 통해 불교는 마음을 刺戟하는 외부적인 狀況에 따라 마음이 變化하고 屈曲이 생길 수 있지만, 마음을 調節하고 안정시키는 것이 가능하다는 것을 가르칩니다. 마음을 안정시키는 방법 중 하나는 瞑想입니다. 명상을 통해 마음을 集中하고 안정시키면, 마음은 맑은 호수처럼 조용하고 깨끗한 狀態가 될 수 있습니다.

따라서, "마음이 비워지는 맑은 호수"는 우리가 마음을 安定시키고 깨끗하게 維持하는 것이 중요하다는 불교의 가르침을 나타내는 比喩입니다.

마음의 정화

"마음의 정화"라는 불교 일화는, 어떻게 우리가 內面의 어둠과 否定的인 感情을 淨化하고 平和로운 마음을 찾을 수 있는지를 보여주는 이야기입니다.

한때, 어떤 사람이 큰 憤怒와 怨恨을 품고 있었습니다. 그는 누군가에게 상처를 받고 상처를 갚고자 하는 마음을 품고 살아갔습니다. 그러나 그의 마음은 점점 어둠과 분노로 가득차게 되었습니다.

그러던 어느 날, 그 사람은 佛敎 스님을 만났습니다. 스님은 그에게 "네 마음은 어둠과 분노로 가득차있지만, 그 어둠을 淨化하고 平和로운 마음을 찾을 수 있습니다. 그러나 이를 위해서는 容恕와 寬容의 마음을 가지고 상대를 理解하고 받아들여야 합니다." 라고 말했습니다.

그 사람은 스님의 가르침을 받아 마음을 정화하고, 어둠과 분노를 버리며 평화로운 마음을 찾는 方法을 배웠습니다. 그는 容恕와 寬容의 마음으로 상대를 理解하고 받아들이며, 自身의 마음을 淨化하여 평온한 삶을 살아갈 수 있었습니다.

이 逸話는 불교에서 우리가 어둠과 否定的인 感情을 淨化하고, 평화로운 마음을 찾을 수 있는 方法을 보여주는 이야기입니다. 불교는 우리에게 內面의 淨化와 平穩을 찾는 방법을 알려주며, 우리가 否定的인 감정을 버리고 平和로운 삶을 살아갈 수 있도록 도와줍니다.

따라서, "마음의 정화" 이야기는 우리가 內面의 어둠과 否定的인 感情을 淨化하고, 平和로운 마음을 찾을 수 있는 佛敎의 가르침을 나타내는 이야기입니다. 이를 통해 우리는 우리 自身과 他人을 이해하고 용서하며, 淨化된 마음으로 평온한 삶을 살아갈 수 있습니다.

마음의 평화

옛날 어느 나라에 한 王이 있었습니다. 왕은 세상에서 가장 平和롭고 幸福한 사람이 되고 싶었습니다. 그러나 어떻게 해야 마음의 平和를 찾을 수 있을지 막막했습니다.

왕은 그래서 가장 현명한 스승을 찾아가 助言을 구했습니다. 스승은 왕에게 이렇게 말했습니다. "왕이 진정으로 마음의 平和를 찾고 싶다면, 自身의 慾望과 貪慾을 버리고 다른 사람들을 理解하고 도우며 慈悲롭게 대해야 합니다."

왕은 스승의 말에 感銘받아 그의 조언을 따라가기로 결심했습니다. 그는 慾望과 貪慾을 버리고 자신의 富를 나누어 가난한 사람들을 돕기 시작했습니다. 또한, 왕은 自己 中心的인 생각을 버리고 주변 사람들과의 關係를 개선하려 노력했습니다.

그 결과, 왕은 점점 더 平和로운 마음을 갖게 되었습니다. 그는 自身의 幸福을 다른 사람들과 함께 나눌 수 있고, 자기 자신과 周邊 사람들에게 편안함과 평화를 가져다주는 存在가 되었습니다.

이 逸話는 우리가 마음의 平和를 찾기 위해서는 慾望과 貪慾을 버리고 다른 사람들을 理解하고 도우며 慈悲롭게 대하는 것이 重要하다는 것을 보여줍니다. 自己 中心的인 慾望을 버리고 다른 사람들과의 關係를 向上시키면서 우리는 진정한 平和와 幸福을 찾을 수 있습니다.

흔들리지 않는 평정심

"흔들리지 않는 평정심"이라는 佛敎 逸話는, 어떻게 우리가 내면의 평온과 안정을 유지하며 어려움에 흔들리지 않고 살아갈 수 있는지를 보여주는 이야기입니다.

한때, 어떤 王이 國家의 평화와 안정을 위해 努力하고 있었습니다. 그러나 그의 王位를 奪取하고자 하는 敵들이 繼續해서 나타났습니다. 그 왕은 외부적인 威脅과 내부적인 葛藤에 직면하여 마음이 불안해졌습니다.

그러던 어느 날, 그 왕은 佛敎 스님을 만났습니다. 스님은 그에게 "외부의 事件과 내부의 葛藤은 항상 변하기 마련입니다. 그러므로 너는 평정심을 유지하고 變化에 흔들리지 않아야 합니다." 라고 말했습니다.

그 왕은 스님의 가르침을 받아 마음을 가라앉히고, 평정심을 유지하는 方法을 배웠습니다. 그는 내부적인 갈등과 외부적인 위협에 흔들리지 않고, 平穩하게 國家를 다스리고 평화를 유지하는 데에 성공했습니다.

이 逸話는 불교에서 우리가 어떻게 平靜心을 유지하고, 내면의 安定과 平穩을 찾아 어려움에 흔들리지 않고 살아갈 수 있는지를 보여주는 이야기입니다. 佛教는 우리에게 내부적인 變化와 외부적인 要因에 흔들리지 않고 內面의 平穩을 유지하는 方法을 알려줍니다.

따라서, "흔들리지 않는 平靜心" 이야기는 우리가 內面의 安定과 平穩을 유지하며 어려움에 흔들리지 않고 살아갈 수 있는 佛教의 가르침을 나타내는 이야기입니다. 이를 통해 우리는 내면의 平靜心을 發展시키고, 變化에 흔들리지 않는 삶을 살아갈 수 있습니다.

수도사의 기도와 인내

"수도사의 기도와 인내"는 佛敎에서 유래된 逸話입니다. 이 이야기는 내면의 平和와 忍耐의 중요성을 강조합니다.

옛날 어느 마을에 한 수도사가 살고 있었습니다. 그 수도사는 굉장히 平穩하고 忍耐心이 강한 사람이었습니다. 어떤 날, 마을 주민들은 수도사에게 와서 말했습니다. "수도사님, 우리는 어려운 시기를 겪고 있습니다. 저희를 위해 기도해주실 수 있나요?"

수도사는 주민들의 付託을 받아들였고, 그들을 위해 祈禱를 시작했습니다. 그러나 수도사의 기도는 단 한 마디였습니다. "이것도 지나갈 것이다." 그리고 그는 마을을 떠나 숲 속으로 들어갔습니다.

수년이 지나고, 마을은 다시 繁榮을 찾았습니다. 주민들은 수도사에게 다시 찾아와서 물었습니다. "수도사님, 당신이 예언한 대로 모든 어려움이 지나갔습니다. 어떻게 그렇게 확신하셨나요?"

수도사는 말했습니다. "저는 숲 속에서 나무를 보면서 깨달았습니다. 나무들은 사계절을 겪으며 繁榮과 衰退를 反復하지만, 결국에는 다시 봄이 찾아오죠. 마찬가지로 우리 인생도 어려움과 역경을 겪지만, 그것들은 모두 지나가게 됩니다.“

이 逸話는 수도사의 忍耐心과 내면의 平和를 통해 어려움을 극복할 수 있다는 教訓을 전합니다. 마음의 安定과 지나가는 性格을 가지고 어려움을 이겨낼 수 있으며, 모든 것은 變化하고 지나가게 됨을 알려줍니다.

106

마음의 감정과 조절

옛날 어느 나라에 한 王이 있었습니다. 왕은 自身의 感情을 調節하는 法을 배우고 싶어서, 스승을 찾아가 조언을 구했습니다. 스승은 왕에게 이렇게 말했습니다. "감정을 조절하기 위해서는 자신의 마음을 바로 세우고, 그 감정이 어디서 오는지 把握해야 합니다."

왕은 스승의 말에 감명받아 그의 助言을 따라가기로 決心했습니다. 그는 자신의 마음을 바로 세우고, 감정이 어디서 오는지 깊이 생각해보는 努力을 하였습니다. 그 結果, 왕은 자신의 감정을 調節하는 方法을 찾을 수 있었습니다.

어느 날 왕은 자신의 신하 중 한 명이 말을 잘못하고 자신을 侮辱한 것처럼 느껴졌습니다. 그러나 왕은 자신의 감정을 조절하며, 신하의 立場에서 생각해보고, 신하가 어떤 의도로 그런 발언을 한 건지 理解하려 努力했습니다. 그 결과, 왕은 자신의 감정을 調節할 수 있었고, 그 후에는 臣下와의 關係가 더욱 좋아졌습니다.

이 逸話는 우리가 自身의 感情을 調節하는 法을 배울 수 있다는 것을 보여줍니다. 감정이 일어난 理由를 파악하고, 狀

況을 다른 사람의 立場에서 생각해보며 자신의 감정을 조절
하면, 우리는 더욱 效果的인 意思疏通을 할 수 있고, 더 많
은 問題를 解決할 수 있습니다.

마음의 평온과 안정

옛날 어느 마을에 한 스승이 살고 있었습니다. 그는 사람들에게 마음의 平穩과 安定을 가르치는 일을 했습니다. 어떤 날, 한 사람이 그 스승에게 마음의 평온을 얻는 방법을 물었습니다.

스승은 그에게 미소를 지으며 말했습니다. "마음의 평온과 안정은 外部 狀況에 의해 影響을 받지 않는 것입니다. 이를 위해서는 마음을 淨化하고, 現在의 瞬間에 集中하는 것이 중요합니다."

스승은 그 사람에게 간단한 실험을 시행하기로 했습니다. 스승은 그 사람에게 작은 그릇을 주고, 그릇에 물을 채우라고 했습니다. 그리고 그릇을 가득 채울 때까지 그 사람에게 물을 붓도록 했습니다.

그 사람은 그릇을 가득 채울 때까지 열심히 물을 붓고 있었습니다. 그러나 그릇이 가득 차자마자 그 사람은 붓기를 멈추고 물을 채우지 않았습니다. 스승은 그 사람에게 말했습니다. "왜 그릇에 더 물을 채우지 않았나요?"

그 사람은 대답했습니다. "더 이상 물을 채울 空間이 없기 때문입니다."

스승은 다시 웃으며 말했습니다. "마음도 마찬가지입니다. 우리는 마음을 가득히 채워놓고 다른 것들에 의해 혼란스러워지거나 흔들리지 않아야 합니다. 마음의 平穩과 安定을 얻으려면, 現在의 瞬間에 集中하고, 마음을 淨化하는 努力이 필요합니다."

그 사람은 스승의 말에 감명받아 스승의 가르침을 따라가기로 결심했습니다. 그리고 그는 마음의 평온과 안정을 찾기 위해 努力하며, 더욱 幸福해지고 평온한 삶을 살아갔습니다.

이 逸話는 우리가 마음의 平穩과 安定을 얻기 위해서는 現在의 瞬間에 집중하고, 마음을 淨化하는 것이 重要하다는 것을 보여줍니다. 우리는 外部 狀況에 휘둘리지 않고, 內面의 안정과 평온을 유지하기 위해 努力해야 합니다.

마음의 평화와 안정

없는 것을 바라지 않는 마음

"없는 것을 바라지 않는 마음"은 佛敎에서 가르치는 중요한 價値 중 하나입니다. 이는 慾心과 慾望을 버리고 現在의 瞬間을 온전히 받아들이는 마음가짐을 意味합니다.

佛敎에서는 욕심과 욕망이 우리를 不幸과 苦痛으로 이끄는 주요 原因이라고 가르칩니다. 우리는 늘 더 많은 것을 원하고, 없는 것을 바라는 경향이 있습니다. 그러나 이러한 욕심과 욕망은 우리를 滿足과 平和에서 멀어지게 만들고, 오히려 不幸과 不滿을 가져옵니다.

"없는 것을 바라지 않는 마음"은 우리가 現在의 瞬間과 現在의 狀況을 온전히 받아들이고 滿足할 수 있는 마음가짐을 의미합니다. 이는 우리가 현재의 삶과 가진 것들에 感謝하며, 욕심과 욕망에 휘둘리지 않고 滿足할 줄 아는 마음을 가지는 것을 말합니다.

이를 통해 우리는 불필요한 스트레스와 불만을 줄이고, 內的 평화와 만족감을 찾을 수 있습니다. 佛敎에서는 이러한 마음가짐을 통해 우리가 진정한 幸福과 解放을 얻을 수 있다고 가르칩니다.

마음의 평화와 안정

따라서, "없는 것을 바라지 않는 마음"은 佛敎에서 우리가 욕심과 욕망에 휘둘리지 않고 現在의 瞬間을 즐기고 滿足할 줄 아는 마음가짐을 가지는 것의 重要性을 強調하는 이야기 입니다. 이를 통해 우리는 內的으로 더 풍요로운 삶을 살아 갈 수 있습니다.

마음의 평화와 안정

마음의 투명함과 깨달음

한 스승은 제자들에게 마음의 투명함과 깨달음을 가르치기 위해, 그들에게 어떤 일을 시켰습니다.

그 스승은 제자들에게 한 잔의 차를 준비하라고 했습니다. 그리고 제자들에게 찻잔에 얼음을 채우라고 시켰습니다. 그리고 그들에게 말했습니다. "이 얼음은 너희의 마음이다. 이제 茶가 얼음 위로 부으면, 너희의 마음도 녹아내리고, 투명해질 것이다."

제자들은 그 스승의 말을 따라 茶를 부었습니다. 그들은 차가 얼음 위로 부을 때마다, 얼음이 녹아내리고, 차잔이 점점 투명해졌습니다. 그리고 그들은 그 스승의 가르침을 理解하게 되었습니다.

그 스승은 제자들에게 말했습니다. "마음도 마찬가지입니다. 우리는 마음을 투명하게 유지해야 합니다. 마음이 透明하면, 깨달음을 얻을 수 있고, 더 나은 人間關係를 유지할 수 있습니다. 마음을 透明하게 유지하기 위해서는 정직하고, 솔직해야 합니다."

이 逸話는 우리가 마음의 透明함과 깨달음을 얻기 위해서는 솔직하고, 정직해야 한다는 것을 보여줍니다. 우리는 거짓말이나 속임수로 마음을 깊이 상처받지 않도록 主意해야 하며, 率直하고 透明한 마음으로 살아가야 한다는 것을 想起시켜 줍니다.

114

불안에서 자유로운 해바라기

"불안에서 자유로운 해바라기"는 佛教 文化에서 派生된 逸話 중 하나입니다. 이 이야기는 삶의 變化와 不安에서 벗어나, 內面의 平和와 安定을 찾는 것을 보여줍니다.

옛날 어느 마을에 한 스님이 살고 있었습니다. 그 스님은 모든 存在를 이해하고 받아들일 수 있는 깨어 있는 상태를 유지하며, 그의 가르침으로 인해 많은 사람들이 내면의 平和와 安定을 찾았습니다.

그러나 어느 날, 그 스님의 제자 중 한 명이 그 스님이 불안한 마음을 가지고 있다는 것을 알아채고, 그 스님에게 이야기했습니다. 그 스님은 그 제자를 만나 그에게 해바라기 씨를 주며, 그 씨를 심으라고 말했습니다.

그리고 며칠 뒤, 그 스님과 그의 제자는 함께 나무 아래에서 쉬고 있었습니다. 그때, 그 스님은 그 제자에게 물었습니다. "해바라기 씨는 어떻게 되었나요?" 그 제자는 대답했습니다. "아직 아무것도 일어나지 않았습니다. 씨는 그대로 땅 속에 있습니다."

그러자 그 스님은 그 제자에게 말했습니다. "그렇다면, 이 해바라기 씨를 물과 햇빛, 그리고 올바른 삶의 條件을 제공하여 자라게 하면 어떨까요?" 그제서야 그 제자는 그 스님의 의도를 이해하고, 自身의 불안한 마음에서 벗어나 內面의 平和와 安定을 찾게 되었습니다.

이 逸話는 삶의 變化와 不安에서 벗어나 내면의 平和와 安定을 찾는 것이 可能하다는 것을 보여줍니다. 우리는 自身의 마음을 바르게 다스리고, 올바른 條件을 제공하여 內面의 平和와 安定을 찾을 수 있습니다.

마음의 평화와 안정

탈출하는 구속

"탈출하는 구속"이라는 佛敎 逸話는 우리가 어떻게 拘束에서 벗어나고 자유롭게 살아갈 수 있는지를 보여주는 이야기입니다.

한때, 어떤 도적이 여러 사람들을 피해 숲 속으로 도망쳤습니다. 그러나 그는 숲 속에서 갇혀 구속된 삶을 살면서 자유롭게 살고 싶어했습니다. 그의 마음은 언제나 不安하고 不便했습니다.

그러던 어느 날, 그는 마음을 가라앉히고 깨달음을 얻을 수 있는 불교 스님을 만났습니다. 스님은 그에게 구속에서 벗어나는 秘決을 가르쳐주었습니다. 그 비결은 마음의 평정과 탐욕, 분노, 무지와 같은 慾望을 버리는 것이었습니다.

도적은 스님의 가르침을 받아 拘束된 마음을 벗어나고, 탐욕과 분노와 같은 욕망을 극복하는 데에 成功했습니다. 그는 자유롭게 살아갈 수 있는 평온한 마음을 찾았고, 拘束에서 벗어나서 진정한 自由를 누릴 수 있었습니다.

이 逸話는 佛敎에서 우리가 慾望과 갖가지 拘束에서 벗어나고, 內面的인 自由와 平和를 찾는 길을 제시하는 이야기입니다. 佛敎는 우리가 慾望과 拘束에 묶여 있는 삶을 벗어나고, 깨달음과 平靜을 통해 진정한 自由를 얻을 수 있는 方法을 가르칩니다.

따라서, "탈출하는 구속" 이야기는 우리가 慾望과 拘束에서 벗어나고, 마음의 평정과 깨달음을 통해 眞情한 自由를 얻을 수 있는 佛敎의 가르침을 나타내는 이야기입니다. 이를 통해 우리는 拘束된 삶에서 벗어나고, 진정한 平和와 自由를 찾을 수 있습니다.

마음의 평화와 안정

마음의 평정과 평화

옛날 어느 나라에 한 스승이 살고 있었습니다. 그는 사람들에게 마음의 平靜과 平和를 추구하는 方法을 가르치는 일을 했습니다. 어느 날, 한 사람이 그 스승에게 마음의 평정과 평화를 얻는 방법을 물었습니다.

스승은 그에게 한 이야기를 했습니다. "옛날 어느 王이 있었습니다. 그는 戰爭과 葛藤에 휩싸여 마음이 不安하고 平靜이 없었습니다. 그러던 어느 날, 왕은 한 명의 賢者를 만나게 되었습니다. 그 현자는 왕에게 말했습니다. '왕이 마음의 평정과 평화를 찾고 싶다면, 마음을 바다로 比喩해보십시오.'

왕은 현자의 말을 理解하지 못했습니다. 그래서 현자는 이야기를 이어갔습니다. '마음은 바다와 같습니다. 바다에는 波濤가 일렁이고, 暴風이 몰아치지만 그 바깥에는 깊은 평온함과 평화가 있습니다. 마음도 마찬가지입니다. 우리는 마음 속의 파도와 폭풍을 지나서 그 깊은 平靜과 平和를 찾아가야 합니다.'

왕은 賢者의 가르침에 感銘받았습니다. 그는 평정과 평화를 추구하기 위해 努力했고, 마음의 파도와 폭풍을 지나며 점점

더 깊은 平穩함을 찾아갔습니다. 그리고 그는 平靜과 平和를
찾아 더 나은 王이 되었습니다."

이 逸話는 우리에게 마음의 평정과 평화를 추구하는 重要性
을 알려줍니다. 우리는 어떠한 어려움과 葛藤에 직면하더라
도 마음을 平穩하게 維持하고, 內面의 平和를 發見하기 위해
努力해야 합니다. 마음의 波濤와 暴風을 넘어서면서 찾아가
는 그 깊은 平靜과 平和는 우리에게 큰 힘과 안정을 줄 것
입니다.

마음의 평화와 안정

❀ 인연과 연결 ❀

인연의 깊이

옛날 어느 마을에 한 스승이 살고 있었습니다. 그 스승은 因緣의 깊이와 所重함을 가르치는 일을 했습니다. 어느 날, 한 제자가 그 스승에게 인연의 깊이에 대해 질문했습니다.

스승은 제자에게 이야기를 했습니다. "한 번 큰 나무 아래에 앉아 休息을 취하던 나무꾼이 있었습니다. 그때, 갑자기 한 새끼 새가 나무 위에서 떨어지고 말았습니다. 그 새끼 새는 부상을 입었지만, 나무꾼은 그것을 돌보기 시작했습니다. 그는 새끼 새에게 먹이를 주고, 負傷을 治療해주었습니다."

"時間이 지나고, 새끼 새는 나무꾼을 信賴하기 시작했습니다. 그는 나무꾼의 손에 安全하게 있는 기분이 들었습니다. 그리고 어느 날, 새끼 새는 날개가 성장하고 飛行을 할 수 있게 되었습니다. 그리고 그 새는 나무꾼에게 고마움을 표현하기 위해 대나무 가지를 가져왔습니다."

"나무꾼은 놀라워하며 대나무 가지를 받아들였습니다. 그리고 그 가지에는 작은 글씨가 새겨져 있었습니다. 그 글씨는 '인연의 깊이'라고 적혀 있었습니다. 나무꾼은 사랑과 配慮로 인해 그 새와의 因緣이 깊어지고 所重해진 것을 깨달았습니다."

스승은 이 이야기로부터, 우리가 서로에게 보이지 않는 因緣을 形成할 수 있다는 것을 가르쳤습니다. 사랑과 배려를 통해 우리는 다른 사람들과의 因緣을 깊게 만들 수 있으며, 그 인연은 우리에게 큰 價値와 所重함을 줄 수 있습니다. 우리는 서로를 돌봄으로써 因緣을 形成하고 키워가며, 더 나은 世上을 만들어 나갈 수 있습니다.

인연과 연결

인연의 깊은 연결

옛날 어느 마을에 한 스승이 살고 있었습니다. 그는 因緣의 깊은 連結에 대해 가르치는 일을 했습니다. 어느 날, 한 제자가 그 스승에게 因緣의 깊은 連結에 대해 궁금해졌다고 말했습니다.

스승은 제자에게 한 이야기를 했습니다. "한 번 아름다운 정원이 있는 집 주인이 있었습니다. 그 집 주인은 정원에서 꽃을 키우고 돌보는 것을 즐겨했습니다. 어느 날, 그의 親舊가 그 집을 訪問했습니다. 그 친구는 庭園에서 피어난 꽃을 보고 말했습니다. '정말로 아름다운 꽃들이네요. 하지만 이 꽃들은 왜 그렇게 아름다운지 알 수 있을까요?'"

"집 주인은 친구에게 대답했습니다. '이 꽃들은 하나의 뿌리로 연결되어 있어요. 그 뿌리는 흙 속에 깊숙이 박혀 있고, 서로를 支撑하며 營養을 共有합니다. 이 꽃들은 서로가 連結되어 함께 자라고 繁榮합니다. 그래서 아름다운 것이지요.'"

스승은 이 이야기를 통해, 우리와 다른 사람들 사이에도 因緣의 깊은 連結이 있다고 말했습니다. 우리는 모두 같은 뿌리에서 비롯되었으며, 서로를 支撑하고 돕는 關係를 가지고 있습니다. 우리는 서로의 성공과 번영을 위해 함께 노력하며, 因緣의 깊은 連結을 形成할 수 있습니다.

이 이야기는 우리에게 因緣의 重要性을 상기시켜줍니다. 우리는 서로를 尊重하고 配慮하며, 因緣의 깊은 連結을 통해 더 나은 世上을 만들어나갈 수 있습니다. 우리의 힘과 靈感을 서로에게 傳達하며, 함께 成長하고 繁榮하는 因緣을 形成합시다.

인연과 연결

세상과의 연결

옛날 어느 마을에 한 스승이 살고 있었습니다. 그 스승은 世上과의 連結에 대해 가르치는 일을 했습니다. 어느 날, 한 제자가 그 스승에게 世上과의 連結에 대해 물어보았습니다.

스승은 제자에게 한 이야기를 했습니다. "한 번 어린 소년이 바닷가를 걷고 있었습니다. 그 소년은 海邊에 도착하자 바다를 바라보며 어떤 생각에 잠겨 있었습니다. 그때, 한 할머니가 그 소년에게 다가와 말했습니다. '바다는 우리와 連結되어 있는 큰 세계입니다. 그 안에는 多樣한 生命體들이 存在하고, 波濤가 울리며 海風이 불어옵니다. 그리고 바다는 모든 물결을 받아들이고 품어줍니다.'"

"소년은 그 할머니의 말에 깊이 생각하며, 바다와의 連結을 느꼈습니다. 그는 바다가 自身과 모든 存在들을 連結하는 큰 힘이라는 것을 깨달았습니다. 그 이후로, 그 少年은 바닷가에서 자주 時間을 보내며 바다와의 連結을 느끼고자 했습니다. 그는 파도 소리를 듣고 해풍을 맞으며, 바다의 품에 안겨 安定과 平和를 느꼈습니다."

스승은 이 이야기를 通해, 우리와 世上과의 連結을 經驗하며

成長할 수 있다고 말했습니다. 世上은 우리와 함께 숨 쉬고, 우리를 둘러싸고 있는 自然과의 連結을 통해 우리에게 靈感과 安定을 줄 수 있습니다. 우리는 自然을 尊重하고 그 힘과 아름다움을 感謝하며, 世上과의 連結을 通해 우리 自身을 發展시킬 수 있습니다.

우리는 世上과의 連結을 느끼며, 서로를 理解하고 配慮하는 마음을 가질 때 더 나은 世上을 만들어 나갈 수 있습니다. 世上과의 連結은 우리의 삶에 意味와 豐饒를 더해주며, 우리를 더욱 完全한 存在로 만들어줍니다.

128

인생의 동요와 안정

옛날 어느 마을에 한 스승이 살고 있었습니다. 그 스승은 인생의 動搖와 安定에 대해 가르치는 일을 했습니다. 어느 날, 한 제자가 그 스승에게 인생의 동요와 안정에 대해 물어보았습니다.

스승은 제자에게 한 이야기를 했습니다. "한 번 작은 강이 흐르는 숲 속을 걷고 있던 사람이 있었습니다. 그 사람은 강물이 언제나 흐르며 動搖하고 있는 것을 보고 깊이 생각하게 되었습니다. 그때, 한 노인이 그 사람에게 다가와 말했습니다. '강물은 언제나 흐르며 동요하고 있지만, 그 안에는 安定과 均衡이 있습니다. 강은 어떤 장애물에 부딪혀도 그를 克服하고 흘러갑니다. 그리고 결국 바다로 향합니다.'"

"사람의 人生도 강물과 같습니다. 우리는 언제나 變化하고 動搖하며, 삶의 여러 障碍物을 마주하게 됩니다. 하지만 우리 안에는 動搖와 安定을 유지할 수 있는 힘이 있습니다. 우리는 인생의 동요를 받아들이고, 그 안에서도 安定과 均衡을 찾아 나갈 수 있습니다. 마치 강물이 障碍物을 克服하며 흘러가듯이, 우리도 어떤 어려움이든지 克服하고 成長할 수 있습니다."

스승은 이 이야기를 통해, 人生의 動搖와 安定이 서로 連結되어 있다고 말했습니다. 인생은 변화와 동요의 連續이지만, 그 안에서도 우리는 安定과 均衡을 찾아 나갈 수 있습니다. 우리는 언제나 變化하는 環境에 適應하고, 內面의 安定과 均衡을 維持하는 것이 重要하다는 것을 배울 수 있습니다.

우리는 人生의 動搖를 받아들이며, 그 안에서 얻는 教訓과 成長을 통해 더 나은 삶을 살아갈 수 있습니다. 安定과 均衡을 維持하며 變化에 대처하는 能力을 키워 나가면, 우리는 人生의 강물처럼 自由로이 흐를 수 있을 것입니다.

인생의 순환과 변화

옛날 어느 마을에 한 스승이 살고 있었습니다. 그 스승은 人生의 循環과 變化에 대해 가르치는 일을 했습니다. 어느 날, 한 제자가 그 스승에게 人生의 循環과 變化에 대해 물어보았습니다.

스승은 제자에게 한 이야기를 했습니다. "한 번 봄이 왔을 때, 작은 나무 한 그루가 싹이 나기 시작했습니다. 그 나무는 해마다 봄이 오면 더 크게 자라나고, 가지를 뻗치며 잎이 자라나기 시작했습니다. 그러나 가을이 오면, 그 나무의 잎은 점점 노랗게 변하고, 나무는 서서히 줄어들었습니다. 겨울이 되면 그 나무는 말라죽고, 바람에 쓸려 사라졌습니다."

"人生도 마찬가지입니다. 우리는 언제나 循環과 變化를 經驗하며, 삶의 여러 段階를 거치게 됩니다. 하지만 이러한 순환과 변화는 우리에게 새로운 機會와 成長을 줍니다. 봄이 오면 새로운 始作을 하고, 여름에는 열심히 努力하며 가을에는 成就를 이루고, 겨울에는 回顧를 하며 새로운 計劃을 세울 수 있습니다."

스승은 이 이야기를 통해, 人生은 循環과 變化의 連續이라는 것을 알려주었습니다. 어떤 狀況에서도 우리는 항상 變化와 循環을 經驗하며, 그 안에서 成長하고 發展할 수 있습니다. 우리는 어떤 狀況에서도 挫折하지 않고, 삶의 循環과 變化를 받아들이며 나아가야 한다는 것을 배울 수 있습니다.

우리는 人生의 循環과 變化를 받아들이며, 그 안에서 成長하고 發展할 수 있습니다. 새로운 機會를 찾고, 새로운 挑戰을 하며, 우리의 삶을 더욱 豐饒롭게 만들어 나갈 수 있습니다. 人生은 循環과 變化의 連續이지만, 그 안에서 우리는 끊임없이 發展하고 成長할 수 있는 無限한 可能性을 가지고 있습니다.

�֎ 자아의 해방과 초월 ✖

벌레가 나비가 되다

"벌레가 나비가 되다"는 佛敎에서 由來된 이야기 중 하나입니다. 이 이야기는 變化와 成長의 重要性을 强調합니다.

어느 날, 작은 벌레가 있었습니다. 그 벌레는 地上에서 꼬마한 삶을 보내며, 어둠과 슬픔에 빠졌습니다. 하지만 그 벌레는 自身의 삶에 變化를 원했습니다. 그래서 그 벌레는 깊은 睡眠에 빠져서 긴 잠을 잤습니다.

그리고 얼마 후, 그 벌레는 나비로 변하게 되었습니다. 나비는 地上에서의 삶과는 달리 自由롭게 하늘을 날아다녔습니다. 그리고 그 나비는 아름다운 꽃과 자연의 아름다움을 즐기며 삶을 살게 되었습니다.

이 이야기는 우리가 삶에서 變化를 통해 成長할 수 있다는 것을 보여줍니다. 우리는 自身이 바꿀 수 있다는 것을 깨달을 때, 새로운 可能性을 찾을 수 있습니다. 이러한 可能性은 언제나 우리 周邊에 存在하며, 우리는 自身의 삶을 變化시키기 위해 努力해야 합니다. 이렇게 變化를 通해 우리는 새로운 經驗을 하며, 成長과 發展을 이룰 수 있습니다.

자아의 해방과 초월

자아의 해방

한때 한 나라의 王이 있었습니다. 그 왕은 佛敎를 受容하고, 修道院을 建立하여 修道僧들이 사는 곳을 마련해 주었습니다. 그리고 그 修道院에는 많은 修道僧들이 모여 살고 있었습니다.

한 날, 그 王은 수도원을 찾아가 修道僧들과 對話를 나누었습니다. 그러나 그의 말투와 態度는 高壓的이고 倨慢했습니다. 그래서 修道僧들은 그의 態度에 憤慨하여 그를 批判하였습니다.

그러자 그 왕은 憤怒하여 修道院을 破壞하고, 修道僧들을 밖으로 내쫓았습니다. 그리고 그들에게 自身이 옳다는 것을 强要하였습니다.

하지만 그 중 한 명의 修道僧은 自我의 解放에 대해 깨달음을 얻었습니다. 그는 自我의 解放이란 自身의 마음속에 있는 모든 慾心과 所望을 버리고, 모든 것을 받아들이며 自身의 存在를 認定하는 것이라는 것을 깨달았습니다.

그래서 그 修道僧은 다시 修道院으로 돌아가 그 왕에게 가르쳐 주었습니다. 그리고 그 왕은 그 수도승의 가르침을 받아들이고, 自我의 解放을 얻었습니다.

이 逸話는 우리에게 自我의 解放이란 무엇인지를 알려주는 좋은 예시입니다. 우리는 自身의 마음과 慾心을 理解하고, 그것들을 버리고 모든 것을 받아들이며 살아가야 합니다. 그리고 그렇게 하면 우리는 진정한 自由와 平和를 찾을 수 있습니다.

송곳니를 뽑는 용기

"송곳니를 뽑는 용기"라는 佛敎 逸話는, 어떻게 우리가 苦痛과 어려움을 이겨내고 內面의 勇氣와 힘을 발휘할 수 있는지를 보여주는 이야기입니다.

한때, 어떤 사람이 깊은 숲 속에서 사나운 호랑이에게 습격을 받았습니다. 그 사람은 호랑이와 死鬪를 벌이며, 마침내 그의 손에 호랑이의 송곳니가 꽂혀 있었습니다. 그러나 그 송곳니는 뽑을 수 없을 정도로 깊이 꽂혀 있었습니다.

그 사람은 몇 시간 동안 송곳니를 뽑으려고 애썼지만, 결국 실패했습니다. 그러던 어느 날, 그 사람은 불교 스님을 만났습니다. 스님은 그에게 "네가 송곳니를 뽑을 수 없는 건 단지 신체적인 한계일 뿐입니다. 그러나 내면의 용기와 힘을 발휘한다면 그 송곳니를 뽑을 수 있을 것입니다." 라고 말했습니다.

그 사람은 스님의 가르침을 받아 내면의 勇氣와 힘을 발휘하며, 마침내 그 송곳니를 뽑아냈습니다. 그는 이 經驗을 통해 苦痛과 어려움을 이겨내며 內面의 勇氣와 힘을 발휘하는 方法을 배웠습니다.

이 逸話는 佛敎에서 우리가 苦痛과 어려움을 이겨내며, 內面의 勇氣와 힘을 발휘하는 方法을 보여주는 이야기입니다. 佛敎는 우리에게 어려운 狀況에서도 內面의 힘과 勇氣를 發揮할 수 있는 方法을 알려주며, 우리가 苦痛과 어려움을 이겨내며 삶을 克服할 수 있도록 도와줍니다.

따라서, "송곳니를 뽑는 용기" 이야기는 우리가 苦痛과 어려움을 이겨내며 內面의 勇氣와 힘을 발휘할 수 있는 佛敎의 가르침을 나타내는 이야기입니다. 이를 通해 우리는 어려운 狀況에서도 內面의 힘과 勇氣를 발휘하여 삶을 克服할 수 있습니다.

자아의 해방과 초월

변화와 혁신

變化와 革新에 관한 佛敎逸話 內容을 알려드리겠습니다.

옛날 어느 마을에 한 스님이 살고 있었습니다. 그는 變化와 革新의 重要性을 가르치고자 했습니다.

어느 날, 한 사람이 스님에게 變化와 革新에 대한 質問을 했습니다. 스님은 그에게 이야기를 했습니다.

"變化와 革新은 우리가 固定된 사고 pattern에서 벗어나 새로운 idea와 方法을 찾는 것입니다. 우리는 지나치게 固執하거나 얽매이지 않고, 새로운 可能性을 探索해야 합니다."

그리고 스님은 한 이야기를 나누었습니다. 어느 날, 스님이 마을 사람들에게 變化와 革新에 관한 이야기를 했습니다. 스님은 말했습니다.

"우리는 變化와 革新을 通해 새로운 길을 開拓하고 成長할 수 있습니다. 우리는 固定觀念에 얽매이지 않고, 새로운 idea와 方法을 受容하며 發展해야 합니다."

그리고 스님은 그에게 慰勞를 전하며 말했습니다. "우리는

變化와 革新을 두려워하지 말고, 새로운 挑戰에 나서며 世上을 더욱 發展시킬 수 있습니다."

이 이야기는 우리에게 變化와 革新의 重要性을 가르쳐줍니다. 우리는 固定觀念에 얽매이지 않고, 새로운 idea와 方法을 探索하며 成長해야 합니다. 이는 우리의 삶과 世上에 진정한 發展과 豐饒로움을 가져다줄 것입니다.

자아의 해방과 초월

바다에 떠내려간 보물

"바다에 떠내려간 寶物"이라는 佛敎 逸話는, 우리가 物質的인 것에 執着하지 않고 內面의 寶物을 찾아야 함을 보여주는 이야기입니다.

옛날 어느 海邊 마을에 한 명의 佛敎 스님이 살고 있었습니다. 어느 날 그 스님은 바닷가에 걸어가서 散策을 하고 있었습니다. 그때 그는 바닷가에서 작은 나뭇가지 위에 반짝이는 물건을 發見했습니다. 그것은 아주 예쁜 寶石으로 보였습니다.

스님은 그 寶石을 주워보니 光彩가 나며 아름다웠습니다. 그래서 그 寶石을 所重히 가지고 돌아갈까 생각했습니다. 그런데 갑자기 그 스님은 다시 생각하게 되었습니다. "이 寶石은 어디에서 왔을까요? 바다에 떠내려간 것 같아요. 그렇다면 이 寶石은 바다에 속한 寶物이었을 텐데, 나는 이것을 가질 權利가 있을까요?"

스님은 깨달음을 얻었습니다. 그는 그 寶石을 다시 바다로 던져 돌아갔습니다. 스님은 바다에 속한 寶物을 執着하지 않고 內面의 寶物을 찾아야 한다는 敎訓을 깨달았습니다. 佛敎

는 우리에게 物質的인 것에 執着하지 말고, 내면의 寶物인 平和와 賢明함, 그리고 사랑을 發見하고 開發하는 것의 重要性을 가르쳐줍니다.

따라서, "바다에 떠내려간 寶物" 이야기는 우리가 物質的인 것에 執着하지 않고 內面의 寶物을 찾아야 한다는 佛敎의 가르침을 나타내는 이야기입니다. 이를 通해 우리는 物質的인 것에만 執着하지 않고 內面의 寶物을 發見하고 發展시키는 것의 重要性을 깨달을 수 있습니다.

자아의 해방과 초월

비둘기의 자유

"비둘기의 自由"라는 佛敎 逸話는, 우리가 內面의 自由와 平和를 찾기 爲해 外部의 制約과 束縛을 벗어나는 重要性을 보여주는 이야기입니다.

옛날 어느 마을에 한 명의 佛敎 스님이 살고 있었습니다. 그 스님은 어느 날 비둘기 한 마리를 發見했습니다. 그 비둘기는 어깨에 끈으로 묶여 있었고, 날개를 펴지 못하고 자유롭게 날지 못하는 狀態였습니다.

스님은 그 비둘기를 보고 불쌍해하며, 그 끈을 풀어주었습니다. 그러자 비둘기는 자유롭게 날개를 펴고 하늘을 나는 것을 시작했습니다. 스님은 놀라움과 기쁨을 느끼며 말했습니다. "비둘기가 外部의 制約과 束縛을 벗어나서 진정한 自由를 찾았습니다. 우리도 內面의 制約과 束縛을 벗어나서 眞情한 自由와 平和를 찾아야 합니다."

이 逸話는 佛敎에서 우리가 內面의 自由를 찾기 위해 외부의 制約과 束縛을 벗어나는 重要性을 强調하는 이야기입니다. 佛敎는 우리에게 內面의 制約과 束縛을 克服하고, 마음의 自由와 平和를 찾기 위한 方法을 알려주며, 우리가 외부의 制約에 얽매이지 않고 진정한 自由를 經驗할 수 있도록 도와줍니다.

따라서, "비둘기의 自由" 이야기는 우리가 外部의 制約과 束縛을 벗어나 內面의 自由와 平和를 찾는 佛敎의 가르침을 나타내는 이야기입니다. 이를 通해 우리는 內面의 制約과 束縛을 克服하고 진정한 自由와 平和를 찾아나갈 수 있습니다.

145 자아의 해방과 초월

자아의 해체

한때 부자가 있었습니다. 그는 매우 富有하여 世上의 모든 것을 가지고 있었습니다. 그러나 그는 여전히 不滿과 苦痛을 느끼고 있었습니다. 그래서 그는 修道院에 찾아가 修道僧들과 對話를 나누었습니다.

그러나 그 修道僧들은 그의 富有함에 대해 전혀 놀람을 보이지 않았습니다. 대신에 그들은 그에게, 自我의 解體에 대해 說明해 주었습니다. 자아의 解體란 모든 것이 서로 依存하며 하나의 體系를 이루고 있다는 것입니다. 그래서 그 修道僧들은 그 부자에게 "당신은 부유하지만, 그것은 당신의 努力과 他人의 도움 없이는 이루어지지 않았습니다. 당신의 부유함은 다른 사람들의 努力과 連結되어 있습니다."라고 가르쳐 주었습니다.

그리고 그 修道僧들은 그 부자에게, 自我의 解體를 이루기 위해서는 모든 것을 받아들이고, 그것들을 分析하고, 그것들이 서로 依存하며 하나의 體系를 이루고 있다는 것을 깨닫는 것이 重要하다고 말해 주었습니다.

그러자 그 부자는 그 修道僧들의 말을 듣고, 自我의 解體를 깨달았습니다. 그는 自身의 부유함이 다른 사람들의 努力과 連結되어 있다는 것을 理解하게 되었고, 不滿과 苦痛에서 벗어나 眞情한 幸福을 찾을 수 있게 되었습니다.

이 逸話는 우리에게 自我의 해체란 무엇인지를 알려주는 좋은 예시입니다. 우리는 모든 것이 서로 依存하며 하나의 체계를 이루고 있다는 것을 理解하고, 모든 것을 받아들이며 그것들을 分析해 나가야 합니다. 그리고 그것들이 서로 어떻게 連結되어 있는지를 理解하면 우리는 진정한 幸福과 滿足을 찾을 수 있습니다.

147

자아의 한계와 초월

한때 아주 유명한 철학자가 있었습니다. 그는 自我의 限界와 超越에 대해 苦悶하고 있었습니다. 그래서 그는 修道院에 찾아가 修道僧들과 대화를 나누었습니다.

修道僧들은 그에게 말했습니다. "自我란 個人的인 正體性과 利己心에 의해 形成되는 것입니다. 이 自我의 限界에 갇혀서 우리는 苦痛과 不滿을 經驗하게 됩니다. 그러나 우리는 自我를 超越하여 진정한 解放을 찾을 수 있습니다."

그리고 修道僧들은 그에게 한 이야기를 들려주었습니다. 한번 높은 산에 오른 사람이 있었습니다. 그는 頂上에 도달하기 위해 여러 가지 어려움과 고통을 겪었습니다. 그러나 정상에 도달한 순간, 그는 自我의 限界를 超越하고 넓고 자유로운 視野를 얻었습니다. 그는 過去의 苦痛과 不滿이 사라지고, 現在의 瞬間에 충실해지며 平和를 느낄 수 있었습니다.

철학자는 그 修道僧들의 이야기를 듣고, 自我의 限界를 깨닫고 超越하기 위해 노력하기로 결심했습니다. 그는 個人的인 利己心과 正體性에 얽매이지 않고, 넓고 자유로운 시야를 얻기 위해 노력하였고, 진정한 解放을 찾을 수 있었습니다.

자아의 해방과 초월

이 逸話는 우리에게 自我의 限界를 깨닫고 超越함으로써 진정한 自由와 平和를 얻을 수 있다는 것을 알려주는 좋은 예시입니다. 우리는 個人的인 利己心과 정체성에 얽매이지 않고, 넓고 자유로운 視野를 향해 나아가는 努力을 해야 합니다. 그리고 그렇게 하면 우리는 진정한 解放과 平和를 찾을 수 있습니다.

자아의 해방과 초월

자기 수용과 자기 발견

한때 哲學者가 있었습니다. 그는 자기 수용과 자기 발견에 대해 고민하고 있었습니다. 그래서 그는 수도원에 찾아가 수도승들과 대화를 나누었습니다.

수도승들은 그에게 말했습니다. "자신을 수용하고 발견하는 것은 매우 중요한 일입니다. 그러나 自己 受容과 自己 發見은 늘 함께 이루어져야 합니다. 자기 수용 없이 자기 발견을 하면 傲慢과 倨慢함에 빠지게 됩니다. 또한 자기 수용 없이 자기 발견을 하면 自身을 제대로 理解하지 못하고, 苦痛과 不滿을 경험하게 됩니다. 그렇기 때문에 自己 受容과 自己 發見은 항상 함께 이루어져야 합니다."

그리고 修道僧들은 그에게 한 이야기를 들려주었습니다. 한번 어느 旅行者가 바다에서 돌아가는 배를 타고 있었습니다. 그러나 그 배는 큰 폭풍과 파도에 휩쓸려 침몰하게 되었습니다. 그런데, 그 여행자는 한 벌의 옷과 나무판자 하나만을 가지고 있었습니다. 그래서 그는 그 나무판자를 이용해 바다를 건너 섬에 도착하였습니다. 그 섬에서 그 旅行者는 自己 受容과 自己 發見을 통해 새로운 삶을 시작하였습니다.

哲學者는 그 修道僧들의 이야기를 듣고, 自己 受容과 自己 發見이 늘 함께 이루어져야 한다는 것을 깨닫고, 그것이 重要함을 다시 한 번 깨달았습니다. 그는 자신을 수용하고 이해한 뒤, 자기 발견을 통해 새로운 삶을 시작하였습니다.

이 逸話는 우리에게 自己 受容과 自己 發見이 함께 이루어져야 한다는 것을 알려주는 좋은 예시입니다. 우리는 자신을 수용하고 이해한 뒤, 자기 발견을 통해 새로운 삶을 시작할 수 있습니다. 그리고 그렇게 하면 우리는 진정한 自由와 平和를 찾을 수 있습니다.

자아의 해방과 초월

구름을 넘어서는 새로운 시작

"구름을 넘어서는 새로운 始作"은 佛敎 文化에서 派生된 일화 중 하나입니다. 이 이야기는 어려움과 制約을 克服하고, 새로운 始作을 통해 人生의 變化와 成長을 이루는 것을 보여줍니다.

옛날 어느 나라에 한 스님과 그의 제자가 살고 있었습니다. 그들은 산악지대에 사는 작은 마을에 사는 사람들을 가르치고 지도하는 일을 하고 있었습니다. 그러나 이 작은 마을은 구름이 끼어서 계곡을 가로막고 있었습니다. 이로 인해 마을 사람들은 다른 마을로 이동하기가 어려웠습니다.

한 날, 한 스님은 그의 제자와 함께 구름을 넘어 다른 마을로 가기로 決心했습니다. 그들은 마을 사람들에게 작별 인사를 하고, 구름이 끼인 계곡으로 향했습니다. 구름이 매우 높고 두꺼워서, 그들은 보이지 않는 길을 걷고 있었습니다.

그들은 구름 사이로 힘차게 걸어 나갔고, 마침내 구름 위로 올라섰습니다. 그리고 구름을 넘어 서서히 햇빛이 비추는 곳에 이르렀습니다. 거기에서 그들은 아름다운 風景과 넓은 視野를 마주하게 되었습니다.

이 經驗을 통해 한 스님과 그의 제자는 어려움과 제약을 극복하고, 새로운 始作을 통해 새로운 經驗과 成長을 이룰 수 있다는 것을 깨달았습니다. 이를 통해 그들은 마을 사람들에게 돌아가 새로운 始作의 重要性과 어려움을 克服하는 데 필요한 勇氣와 힘을 가르쳤습니다.

이 逸話는 삶의 어려움과 제약 狀況에서도 希望과 새로운 始作을 찾을 수 있다는 것을 보여줍니다. 우리는 어려운 狀況을 극복하고, 새로운 길을 모색하며 성장할 수 있는 勇氣와 希望을 가지고 살아가야 합니다.

자기 수용과 자기 변화

한때 哲學者가 있었습니다. 그는 自己 受容과 自己 變化에 대해 고민하고 있었습니다. 그래서 그는 修道院에 찾아가 修道僧들과 對話를 나누었습니다.

修道僧들은 그에게 말했습니다. "自己 受容은 自己 變化의 出發點입니다. 자기 수용 없이 자기 변화를 이룰 수 없습니다. 그러나 自己 受容만으로는 충분하지 않습니다. 우리는 자기 수용을 바탕으로 자신의 모습을 變化시켜야 합니다. 그렇게 하지 않으면 우리는 苦痛과 不滿을 經驗하게 됩니다."

그리고 修道僧들은 그에게 한 이야기를 들려주었습니다. 한 번 어느 사람이 修道院에 찾아가 修道僧들의 가르침을 받았습니다. 그러나 그 사람은 자기 수용만으로 滿足하고, 自己 變化를 이루지 않았습니다. 그래서 그는 수도원을 떠나 자신만의 길을 찾아다녔지만, 결국에는 苦痛과 不滿에 빠지게 되었습니다.

哲學者는 그 修道僧들의 이야기를 듣고, 자기 수용과 자기 변화가 함께 이루어져야 한다는 것을 깨달았습니다. 그는 自身을 수용하고 이해한 뒤, 自己 變化를 이루어 새로운 삶을

始作하였습니다.

이 逸話는 우리에게 自己 受容과 自己 變化가 함께 이루어
져야 한다는 것을 알려주는 좋은 例示입니다. 우리는 自身을
受容하고 이해한 뒤, 自己 變化를 이루어 새로운 삶을 始作
할 수 있습니다. 그리고 그렇게 하면 우리는 진정한 自由와
平和를 찾을 수 있습니다.

자아의 해방과 초월

❀ 지혜와 깨달음 ❀

지혜로운 선택

한때 哲學者가 있었습니다. 그는 어떤 選擇을 해야 할지 고민하고 있었습니다. 그래서 그는 修道院에 찾아가 修道僧들과 對話를 나누었습니다.

修道僧들은 그에게 말했습니다. "모든 選擇은 그에 대한 責任이 따릅니다. 우리는 항상 지혜로운 選擇을 해야 합니다. 그렇게 하면 우리는 불필요한 苦痛과 괴로움을 방지할 수 있습니다."

그리고 修道僧들은 그에게 한 이야기를 들려주었습니다. 한번 어느 왕이 대신궁에 있는 자신의 臣下들을 모아 어떤 選擇을 해야 할지 물었습니다. 그러자 신하 중 한 명이 말했습니다. "제왕님, 저는 이 問題를 해결하기 위해 바닥에 그림을 그려 보았습니다. 이 그림은 우리가 이 문제를 해결하기 위해 選擇할 수 있는 모든 방법을 보여줍니다."

그리고 그 신하는 바닥에 그림을 보여주며, 帝王과 臣下들은 그림을 보면서 이 問題의 解決策을 찾았습니다.

哲學者는 그 修道僧들의 이야기를 듣고, 지혜로운 選擇이 중요하다는 것을 깨달았습니다. 그는 選擇을 하는데 있어서 항상 智慧를 발휘하고, 責任을 져야 한다는 것을 깨달았습니다.

이 逸話는 우리에게 지혜로운 選擇이 얼마나 중요한지를 알려주는 좋은 例示입니다. 우리는 항상 選擇을 하는데 있어서 智慧를 발휘하고, 責任을 져야 합니다. 그렇게 하면 우리는 불필요한 苦痛과 괴로움을 防止할 수 있습니다.

보다 깊은 통찰

"보다 깊은 통찰"이라는 佛教 逸話는, 우리가 세상의 진실과 깊은 이해를 얻기 위해 洞察力을 개발하는 것의 重要性을 强調하는 이야기입니다.

옛날 어느 마을에는 한 명의 佛教 스님이 살고 있었습니다. 그 스님은 항상 世上의 眞理와 깊은 理解를 얻기 위해 努力하고 있었습니다. 어느 날, 그는 마을 밖으로 나가 散策을 하던 중 큰 나무 아래에 앉아 瞑想을 하고 있던 어린 소년을 發見했습니다.

스님은 소년 옆에 앉아서 그와 이야기를 나누기 시작했습니다. 소년은 스님에게 "어떻게 世上의 眞理를 알 수 있을까요?"라고 물었습니다. 스님은 말했습니다. "우리는 세상의 진리를 알기 위해 洞察力을 開發해야 합니다. 洞察力은 단순한 지식이 아니라 深奧한 理解와 깨달음을 意味합니다."

그리고 스님은 少年에게 한 가지 例를 들었습니다. "이 나무를 보세요. 나무의 가지와 잎사귀, 그리고 뿌리는 모두 하나의 나무로 이어져 있습니다. 그렇지만 우리는 종종 나무의 一部分만을 보고 全體를 理解하지 못합니다. 洞察力을 가지면 우리는 나무의 全體的인 本質과 連結성을 理解할 수 있습니다."

스님은 계속해서 말했습니다. "世上의 眞理 역시 마찬가지입니다. 우리는 洞察力을 통해 세상의 連結性과 本質을 理解할 수 있습니다. 洞察力은 우리가 一時的이고 表面的인 것들을 넘어서 깊이 있는 洞察을 얻을 수 있도록 도와줍니다."

이 逸話는 佛敎에서 통찰력의 重要性을 강조하는 이야기입니다. 우리가 洞察力을 개발하면 세상의 眞實과 깊은 理解를 얻을 수 있으며, 表面的인 것들을 넘어서 深奧한 洞察을 얻을 수 있습니다.

따라서, "보다 깊은 통찰" 이야기는 우리가 洞察力을 통해 世上의 眞實과 깊은 理解를 얻을 수 있음을 佛敎의 가르침을 통해 알려주는 이야기입니다. 이를 通해 우리는 洞察力을 開發하고 世上을 깊이 있는 觀點에서 理解할 수 있도록 도와줍니다.

지혜와 깨달음

지혜의 깨달음

한때 哲學者가 있었습니다. 그는 智慧에 대해 깊이 苦悶하고 있었습니다. 그래서 그는 修道院에 찾아가 修道僧들과 對話를 나누었습니다.

修道僧들은 그에게 말했습니다. "知慧는 모든 苦痛과 괴로움의 근본이자 解決策입니다. 우리는 知慧를 통해 진정한 幸福과 平和를 얻을 수 있습니다."

그리고 修道僧들은 그에게 한 이야기를 들려주었습니다. 한번 어느 사람이 修道院에 찾아왔습니다. 그 사람은 삶에 대한 疑問과 苦痛을 안고 있었습니다. 修道僧들은 그에게 知慧에 대한 깨달음을 알려주기 위해 한 가지 시험을 제안했습니다.

그들은 그에게 작은 그릇을 주고, 그릇에 물을 채우라고 했습니다. 그 사람은 그렇게 했습니다. 그리고 수도승들은 물이 그릇 가득히 찰 때까지 계속해서 물을 부으라고 했습니다. 그러나 그릇이 넘치게 되었고, 그 사람은 당혹해했습니다.

수도승들은 그에게 말했습니다. "이 그릇은 너무 가득 차서 물을 담을 수 없었습니다. 마찬가지로 네 마음도 너무 가득 차 있어서 새로운 知慧를 받아들일 수 없었습니다. 너는 먼저 마음을 비우고 受容할 準備를 해야 합니다."

哲學者는 그 修道僧들의 이야기를 듣고, 知慧를 얻기 위해서는 마음을 비우고 수용할 준비가 必要하다는 것을 깨달았습니다. 그는 마음을 비우고 열린 마음으로 知慧를 받아들이기 시작했습니다.

이 逸話는 우리에게 知慧를 얻기 위해서는 마음을 비우고 受容할 準備가 필요하다는 것을 알려주는 좋은 예시입니다. 우리는 마음을 비우고 열린 마음으로 知慧를 받아들이면서 진정한 平和와 幸福을 찾을 수 있습니다.

지혜와 깨달음

지혜의 이야기

한때 哲學者가 있었습니다. 그는 知慧에 대해 깊이 苦悶하고 있었습니다. 그래서 그는 修道院에 찾아가 修道僧들과 대화를 나누었습니다.

修道僧들은 그에게 말했습니다. "知慧는 모든 苦痛과 괴로움의 根本이자 解決策입니다. 우리는 지혜를 통해 진정한 幸福과 平和를 얻을 수 있습니다."

그리고 수도승들은 그에게 한 이야기를 들려주었습니다. 한 번 어느 나무꾼이 숲속에서 일하다가 길을 잃었습니다. 그러자 그는 지나가던 한 老人에게 길을 물었습니다. 노인은 그에게 知慧를 얻을 수 있는 세 가지 方法을 가르쳐 주었습니다.

첫 번째 方法은 바로 周圍를 觀察하라는 것입니다. 그 속에서 우리는 많은 것을 배울 수 있습니다.

두 번째 방법은 過去를 되돌아보라는 것입니다. 우리는 過去의 經驗을 通해 知慧를 얻을 수 있습니다.

세 번째 方法은 未來를 미리 想像하라는 것입니다. 우리는 未來를 豫測하면서 우리의 삶을 더 나은 方向으로 이끌어갈 수 있습니다.

哲學者는 그 修道僧들의 이야기를 듣고, 知慧는 여러 가지 方法으로 얻을 수 있다는 것을 깨달았습니다. 우리는 周邊을 관찰하고, 過去의 경험을 되돌아보며, 未來를 상상하면서 우리의 삶을 더욱 풍요롭게 만들 수 있습니다.

이 일화는 우리에게 知慧를 얻을 수 있는 多樣한 方法이 있다는 것을 알려주는 좋은 例示입니다. 우리는 多樣한 方法으로 知慧를 얻으면서 진정한 平和와 幸福을 찾을 수 있습니다.

165

불의 빛

"불의 빛"은 佛敎에서 중요한 槪念 중 하나로, 知慧와 깨달음을 나타내는 比喩的인 表現입니다. 이는 불교 修行者가 어둠과 무지에서 벗어나서 옳은 認識과 깨달음을 얻는 狀態를 말합니다.

불의 빛은 불교에서 어둠의 상징인 無智와 不可能性을 밝고 옳은 認識과 깨달음의 상징인 知慧와 可能性을 비추는 것으로 표현됩니다. 佛敎에서는 無智와 慾望, 慾心, 잘못된 認識이 우리를 苦痛과 思考로 이끄는 原因이라고 가르치며, 이를 극복하고 옳은 인식과 깨달음을 얻는 것이 중요하다고 말합니다.

불의 빛을 얻는 것은 瞑想과 깨달음의 修行을 통해 이루어집니다. 명상은 마음을 集中하고 조용하게 하여 우리의 思考와 感情을 觀察하고 認識하는 技術입니다. 이를 통해 우리는 잘못된 認識과 慾望에 휘둘리지 않고 옳은 認識과 깨달음을 얻을 수 있습니다.

불의 빛은 우리에게 內面的인 平和와 解放, 知慧를 제공합니다. 이를 통해 우리는 自我의 繁榮과 모든 存在의 幸福을 實

現할 수 있는 길을 찾을 수 있습니다.

따라서, "불의 빛"은 佛敎에서 우리가 無知와 慾望에서 벗어나서 知慧와 깨달음을 얻는 것의 重要性을 强調하는 이야기입니다. 이를 通해 우리는 內面的으로 더 밝고 평화로운 삶을 살아갈 수 있습니다.

지혜와 깨달음

지혜의 깊이와 확장

좋은 主題입니다! 佛教 逸話에서 知慧의 깊이와 擴張을 다룬 內容을 알려드리겠습니다.

한때 스님이 있었습니다. 그는 知慧에 대한 깊은 探究를 하고자 했고, 그래서 스님들에게 조언을 구하기 위해 修道院을 찾았습니다.

스님들은 그에게 말했습니다. "知慧는 限界 없이 擴張될 수 있습니다. 우리는 우리의 경험과 깨달음을 통해 知慧를 키우고, 共有함으로써 더욱 깊고 넓은 知慧를 얻을 수 있습니다."

그리고 스님들은 한 이야기를 나누었습니다. 옛날 어느 나무꾼이 산에서 나무를 베다가 아주 깊은 우물을 發見했습니다. 그는 궁금증에 사로잡혀 우물 안에 들어갔습니다. 우물 안은 어둡고 비좁았지만, 그는 우물 안에서 知慧에 대한 깨달음을 얻었습니다.

스님들은 그에게 말했습니다. "이 이야기는 우리에게 知慧는 限界 없이 깊어질 수 있다는 것을 알려줍니다. 우리는 깊은

內面 探究를 통해 더 깊은 知慧를 얻을 수 있고, 지혜를 나누고 共有함으로써 서로의 지혜를 擴張시킬 수 있습니다."

스님의 이야기는 우리에게 知慧는 깊고 擴張될 수 있다는 것을 想起시켜 줍니다. 우리는 內面의 깊은 고요와 探究를 통해 더 깊은 知慧를 얻을 수 있고, 또한 다른 사람들과의 共有를 통해 서로의 知慧를 擴張시킬 수 있습니다.

따라서, 우리는 知慧를 깊이 探究하고, 知慧를 나누며, 서로의 知慧를 擴張시키는 方向으로 나아가면서 진정한 平和와 幸福을 찾을 수 있을 것입니다.

169

어둠 속에서 빛을 찾다

"어둠속에서 빛을 찾다"라는 逸話는 希望과 올바른 方向을 찾는 重要性을 강조하는 이야기입니다.

옛날 어느 마을에 어둠이 깔린 채로 밤이 내려왔습니다. 사람들은 어둠에 두려움을 느끼고 彷徨하며 길을 잃었습니다. 그러나 한 少年이 있었습니다. 그 소년은 어둠에도 빛을 찾는 方法을 알고 있었습니다.

少年은 작은 등불을 가지고 마을 사람들에게 다가갔습니다. 그 등불은 어둠을 밝히는 작은 빛이었습니다. 少年은 사람들에게 말했습니다. "어둠에 빠져있을 때, 우리는 스스로 빛을 만들어야 합니다. 작은 등불 하나로도 어둠을 밝힐 수 있습니다."

사람들은 少年의 말을 듣고 각자 손에 등불을 들고 이웃과 손을 잡아 서로를 支撐하며 어둠을 헤쳐나갔습니다. 그리고 어둠 속에서도 작은 빛들이 모여 밝은 길을 만들어갔습니다.

이 일화는 우리가 어둠과 어려움에 직면했을 때 希望을 가지고 올바른 方向을 찾을 수 있다는 것을 보여줍니다. 작은 빛 하나가 모여 힘을 발휘하며 어려움을 克服할 수 있습니다. 우리는 스스로 希望과 肯定的인 마음을 가지고 어둠을 밝히는 등불이 될 수 있습니다.

171

길 잃은 사슴과 지혜로운 사람

"길 잃은 사슴과 지혜로운 사람"이라는 逸話는 佛敎에서 유명한 이야기 중 하나입니다. 이 逸話는 賢明함과 理解心의 重要性을 强調하며, 慈悲와 理解를 가진 사람의 行動이 얼마나 重要한지를 보여줍니다.

한번, 숲에서 길을 잃은 사슴이 있었습니다. 사슴은 두리번 거리며 어떻게 해야 할지 彷徨하고 있었습니다. 그때 知慧로운 사람이 나타났습니다. 그 사람은 사슴을 보고 어떤 問題가 있는지 물었습니다.

사슴은 슬퍼하며 자신이 길을 잃었다고 말했습니다. 그러자 지혜로운 사람은 사슴을 안아주며 이렇게 말했습니다. "너는 길을 잃은 것뿐이야. 그런데 나는 길을 알고 있어. 내가 너를 안내해줄게."

그리고 知慧로운 사람은 사슴을 안아서 가까운 길을 보여주었습니다. 사슴은 案內를 받아 다시 길을 찾을 수 있었습니다.

이 逸話는 우리가 혼자서는 問題를 解決하기 어려울 때, 理

解心과 知慧로운 助言을 가진 사람의 도움을 받아야 한다는 것을 보여줍니다. 慈悲로운 마음과 賢明한 判斷力을 가진 사람은 다른 이들을 이끌어주고 지원할 수 있습니다. 이러한 이야기는 慈悲와 理解, 상호도움의 重要性을 强調하여 우리의 삶에 靈感을 줄 수 있습니다.

지혜로운 용사의 선택

"지혜로운 용사의 선택"은 佛教 文化에서 派生된 逸話 중 하나입니다. 이 이야기는 勇氣와 犧牲으로 인해 옳은 選擇을 내릴 수 있다는 것을 强調합니다.

옛날 어느 나라에 知慧로운 勇士가 살고 있었습니다. 그 용사는 英雄的인 모습과 강한 信念으로 유명했습니다. 어느 날, 그 勇士는 국가를 위해 중대한 決斷을 내려야 했습니다.

그 勇士는 選擇의 岐路에 섰습니다. 한 쪽에는 個人的인 利益과 安樂함이 있었고, 다른 쪽에는 國家와 사람들의 安全과 幸福이 있었습니다. 그 勇士는 자신의 행복보다 사람들의 행복을 優先時하며, 國家의 利益을 위해 犧牲을 해야 한다고 決心했습니다.

그 勇士는 國家를 위해 戰爭에 參戰하였고, 많은 危險과 어려움을 겪었습니다. 그러나 그의 犧牲은 國家와 사람들에게 큰 利益을 가져다주었습니다. 그 勇士의 犧牲과 勇氣로 인해 國家는 繁榮하게 되었고, 사람들은 安全하고 幸福한 삶을 살 수 있었습니다.

이 逸話는 勇氣와 犧牲의 重要性을 강조합니다. 때때로 옳은 選擇을 내리기 위해 犧牲이 必要할 수 있으며, 우리는 個人的인 利益보다 더 큰 價値와 利益을 위해 努力해야 합니다. 勇氣와 犧牲은 우리가 善한 社會와 世上을 만들어가는 데에 중요한 役割을 합니다.

지혜의 깊은 통찰

좋은 主題입니다! 佛敎 逸話에서 知慧의 깊은 통찰을 다룬 內容을 알려드리겠습니다.

한때 스님이 있었습니다. 그는 知慧를 깊이 탐구하고자 했고, 그래서 스님들에게 助言을 구하기 위해 修道院을 찾았습니다.

스님들은 그에게 말했습니다. "知慧는 우리가 日常的인 經驗에서 얻을 수 있습니다. 그러나 그 經驗을 깊이 洞察하고 理解하는 것이 重要합니다."

그리고 스님들은 한 이야기를 나누었습니다. 옛날 어느 스님이 산에서 散策을 하다가 아름다운 꽃을 보았습니다. 그리고 그 꽃을 보면서 깊은 洞察에 빠졌습니다. 그는 그 꽃에서 生命의 무게와 아름다움을 깨달았습니다.

스님들은 그에게 말했습니다. "이 이야기는 우리가 日常에서 매우 흔하게 볼 수 있는 것에서도 知慧를 얻을 수 있다는 것을 상기시켜 줍니다. 그러나 그것을 깊이 洞察하고, 理解함으로써 우리의 知慧를 키울 수 있습니다."

스님의 이야기는 우리에게 知慧는 우리의 日常 속에서 찾을
수 있다는 것을 알려줍니다. 우리는 周邊의 日常的인 사물들
에 대해 깊이 觀察하고, 理解함으로써 더 깊은 洞察力과 知
慧를 얻을 수 있습니다.

따라서, 우리는 우리의 日常 속에서 知慧를 찾아가며, 그것
을 깊이 洞察하고 理解함으로써 우리의 知慧를 키워가는 方
向으로 나아가면서 진정한 平和와 幸福을 찾을 수 있을 것
입니다.

지혜와 깨달음

❋ 고통과 해소 ❋

욕망과 얽힌 고통

佛教 逸話에서는 종종 慾望과 얽힌 苦痛에 대한 內容을 다룹니다. 한 가지 예시를 알려드리겠습니다.

한 때, 스님이 있었습니다. 그는 사람들이 慾望에 얽매여 苦痛을 겪는 것을 보고 깨달았습니다. 그래서 스님들에게 助言을 구하기 위해 修道院을 찾았습니다.

스님들은 그에게 말했습니다. "慾望은 우리를 얽매여 苦痛을 주는 주요한 原因 중 하나입니다. 그러나 우리는 慾望을 깨닫고 理解하는 것으로부터 벗어날 수 있습니다."

그리고 스님들은 한 이야기를 나누었습니다. 옛날 어느 소년이 아름다운 寶石을 발견했습니다. 그 少年은 그 보석에 대한 강한 慾望을 느꼈고, 그것을 얻기 위해 많은 努力을 기울였습니다. 그러나 寶石을 얻은 후에도 그 少年은 滿足感을 느끼지 못했습니다. 오히려 더 큰 慾望이 생겨났고, 그로 인해 苦痛을 겪게 되었습니다.

스님들은 그에게 말했습니다. "이 이야기는 욕망에 얽매여 苦痛을 겪는 것은 끝이 없다는 것을 보여줍니다. 우리는 慾

望의 함정에 빠지지 않고, 慾望을 깨달음과 理解로써 벗어날
수 있습니다."

스님의 이야기는 우리에게 慾望이 얽힌 苦痛에 대해 생각해
보게 합니다. 우리는 慾望에 사로잡히지 않고, 욕망의 本質
을 理解하고 깨닫는 것으로써 苦痛에서 벗어날 수 있습니다.

따라서, 우리는 慾望에 대한 깨달음과 理解를 통해 자유로워
지며, 苦痛에서 벗어나는 方向으로 나아가면서 진정한 平和
와 解放을 찾을 수 있을 것입니다.

고통의 원인과 해소

苦痛의 原因과 解消에 대한 佛教 逸話 內容을 알려드리겠습니다.

한 때, 스님이 있었습니다. 그는 人間들이 苦痛을 겪는 理由를 探究하고자 했고, 그래서 스님들에게 助言을 구하기 위해 修道院을 찾았습니다.

스님들은 그에게 말했습니다. "苦痛은 우리가 慾望과 分離되어 살지 못하는 것에서 비롯됩니다. 이 慾望은 우리를 고리에 묶어놓고, 苦痛을 안겨줍니다."

그리고 스님들은 한 이야기를 나누었습니다. 옛날 어느 사람이 不滿과 不幸에 시달렸습니다. 그는 스님에게 苦痛의 原因과 解消法을 물었습니다.

스님은 그에게 말했습니다. "苦痛의 原因은 慾望과 얽혀있는 우리의 마음입니다. 우리는 慾望을 버리고, 現在의 瞬間을 깨달음으로 살아감으로써 苦痛을 解消할 수 있습니다."

스님의 말씀은 우리에게 苦痛의 原因과 解消에 대해 깊이 생각해보게 합니다. 우리는 慾望과 分離되어 現在의 瞬間에 集中하고, 깨달음을 통해 苦痛을 解消할 수 있습니다.

따라서, 우리는 마음의 慾望을 깨달음으로써 버리고, 現在의 瞬間을 살아가면서 苦痛에서 벗어날 수 있는 方向으로 나아가야 합니다. 이를 통해 진정한 平和와 解放을 찾을 수 있을 것입니다.

고통과 해소

고통과 쾌락의 통과

苦痛과 快樂에 대한 通過에 관한 佛敎 逸話 內容을 알려드리겠습니다.

한 때, 스님이 있었습니다. 그는 사람들이 苦痛과 快樂에 얽매여 사는 것을 보고 깨달았습니다. 그래서 스님들에게 조언을 구하기 위해 修道院을 찾았습니다.

스님들은 그에게 말했습니다. "苦痛과 快樂은 우리가 마음을 얽매여 끌어당기는 두 가지 극단입니다. 그러나 우리는 이 두 가지에 통과할 수 있는 길을 찾을 수 있습니다."

그리고 스님들은 한 이야기를 나누었습니다. 옛날 어느 사람이 快樂을 찾기 위해 旅行을 떠났습니다. 그는 快樂을 많이 누리고 幸福해 보였지만, 그에게도 어느 순간 苦痛이 찾아왔습니다. 그는 스님에게 왜 그런지 물었고, 스님은 말했습니다.

"快樂은 一時的이며 變化하기 때문에 항상 지속되지 않습니다. 우리는 快樂에 얽매여 있는 동안에도 苦痛을 느낄 수 있습니다. 그래서 우리는 快樂에 사로잡히지 않고, 苦痛과 快

樂을 넘어서는 通過의 길을 찾아야 합니다."

스님의 말씀은 우리에게 苦痛과 快樂에 대한 깨달음과 통과의 길을 가리킵니다. 우리는 快樂에 얽매여 있는 동안에도 苦痛을 느낄 수 있으며, 快樂에 사로잡히지 않고 넘어서는 通過의 길을 찾아야 합니다.

따라서, 우리는 快樂에 依存하지 않고, 苦痛과 快樂을 넘어서는 깨달음과 통과의 길을 찾아가야 합니다. 이를 통해 진정한 平和와 解放을 찾을 수 있을 것입니다.

185

인생의 비애와 위로

人生의 悲哀와 慰勞에 관한 佛敎 逸話 內容을 알려드리겠습니다.

옛날 어느 마을에 한 老人이 살고 있었습니다. 그는 많은 비애와 고통을 겪었지만, 그에게는 佛敎의 가르침으로부터 慰勞와 安定을 찾았습니다.

한 날, 어느 젊은이가 老人에게 다가와 悲哀와 苦痛에 대한 慰勞를 구했습니다. 노인은 그에게 이야기를 했습니다.

"人生은 悲哀와 苦痛으로 가득한 것이지만, 우리는 이를 받아들이고 헤쳐나갈 수 있습니다. 悲哀와 苦痛은 人生의 일부이며, 지나치게 執着하지 않고 받아들이는 것이 중요합니다."

그리고 老人은 한 이야기를 나누었습니다. 어느 스님이 비애에 대한 이야기를 한 적이 있었습니다. 스님은 말했습니다.

"悲哀는 우리의 삶에서 피할 수 없는 것입니다. 그러나 우리는 悲哀를 통해 깨달음과 成長을 이룰 수 있습니다. 悲哀는

우리에게 人生의 진정한 價値와 意味를 깨닫게 해줍니다.“

노인은 그에게 慰勞를 전하며 말했습니다. “우리는 悲哀와 苦痛 속에서도 內面의 平和와 安定을 찾을 수 있습니다. 이는 佛教의 가르침을 통해 얻을 수 있는 것입니다.“

이 이야기는 우리에게 悲哀와 苦痛에 대한 慰勞와 安定을 전해줍니다. 우리는 悲哀와 苦痛을 받아들이고, 그 속에서 깨달음과 成長을 이룰 수 있습니다. 佛教의 가르침을 통해 內面의 平和와 安定을 찾아 나갈 수 있습니다.

✿ 사랑과 이해 ✿

사랑과 이해

사랑과 理解에 관한 佛教逸話 內容을 알려드리겠습니다.

옛날 어느 마을에 한 스님이 살고 있었습니다. 그는 사람들에게 사랑과 理解의 重要性을 가르치고자 했습니다.

어느 날, 한 사람이 스님에게 다가와 사랑과 理解에 대한 궁금증을 풀어달라고 요청했습니다. 스님은 그에게 이야기를 했습니다.

"사랑은 우리가 모든 存在에게 平等하게 품을 수 있는 마음의 상태입니다. 우리는 모든 存在가 공통적인 연결고리를 가지고 있다는 것을 理解해야 합니다."

그리고 스님은 한 이야기를 나누었습니다. 어느 날, 스님이 動物들을 보며 사랑과 理解에 대한 이야기를 했습니다. 스님은 말했습니다.

"동물들은 우리와 다른 形態를 가지고 있지만, 우리와 마찬가지로 生命을 가진 存在입니다. 우리는 그들을 사랑하고 이해해야 합니다. 우리의 사랑과 理解는 모든 存在에게 平等하

게 향할 수 있는 것입니다.“

그리고 스님은 그에게 慰勞를 전하며 말했습니다. “우리는 사랑과 理解로 인해 連結되고, 共感하며, 서로를 돕는 인간으로서의 진정한 價値를 발견할 수 있습니다.“

이 이야기는 우리에게 사랑과 理解의 重要性을 가르쳐줍니다. 우리는 모든 存在에게 平等한 마음으로 사랑과 理解를 품고, 連結되고 共感하며 서로를 돕는 人間으로서의 진정한 價値를 발견할 수 있습니다.

사랑의 불꽃이 번지다

"사랑의 불꽃이 번지다"는 佛敎에서 由來된 逸話 중 하나입니다. 이 이야기는 사랑과 寬容의 重要性을 强調합니다.

옛날 어느 마을에 한 스님이 살고 있었습니다. 그 스님은 모든 사람에게 사랑과 寬容을 베풀었습니다. 어떤 날, 한 사람이 그 스님에게 다가와 말했습니다. "스님, 저는 다른 사람과 다투는 것을 멈추고 싶습니다. 하지만 어떻게 해야 할지 모르겠습니다."

스님은 그 사람을 부드러운 미소로 보며 말했습니다. "나무 아래로 함께 가봅시다." 그들은 숲 속으로 걸어갔고, 한 나무 아래에 도착했습니다.

스님은 나무 아래에서 작은 불을 피우며 말했습니다. "이 불이 사랑의 불꽃입니다. 이 불은 따뜻함과 활기를 전합니다. 이제 네 손에 있는 작은 불씨를 다른 사람의 손으로 옮겨보세요."

그 사람은 손에 불씨를 옮겨놓았습니다. 그리고 그 불씨는 점점 크고 강하게 번져나갔습니다. 그 周邊에 있던 다른 사람들도 불씨의 따뜻함을 느끼고 自身의 손으로 불씨를 옮겨 갔습니다. 결국, 작은 불씨는 큰 불꽃으로 번져 마을 전체를 밝히게 되었습니다.

스님은 말했습니다. "사랑의 불꽃은 번지고 번져서 모두를 비추게 됩니다. 너무 작다고 생각하지 않고, 네 손으로부터 사랑을 번뜩이세요. 그리고 그 사랑을 다른 사람과 공유해보세요. 그렇게 하면 사랑의 불꽃은 마음 속에서 번지고 번져 나아갈 것입니다. "

사랑과 이해

사랑과 이해의 확장

사랑과 理解의 擴張에 관한 佛敎 逸話 內容을 알려드리겠습니다.

옛날 어느 마을에 한 스님이 살고 있었습니다. 그는 사람들에게 사랑과 理解를 넘어 더 큰 擴張을 經驗할 수 있는 방법을 가르치고자 했습니다.

어느 날, 한 사람이 스님에게 다가와 사랑과 理解의 擴張에 대한 質問을 했습니다. 스님은 그에게 이야기를 했습니다.

"사랑과 理解는 우리의 삶에 큰 變化를 가져올 수 있습니다. 그러나 이 뿐만 아니라 우리는 慈悲와 寬容, 그리고 忍耐와 편안함을 배워야 합니다. 이것이 사랑과 理解의 擴張입니다."

그리고 스님은 한 이야기를 나누었습니다. 어느 날, 스님이 마을 사람들에게 慈悲와 寬容에 관한 이야기를 했습니다. 스님은 말했습니다.

"慈悲는 우리가 다른 사람들을 理解하고 그들을 돌보는 마음입니다. 우리는 다른 사람들의 苦痛과 어려움을 理解하고 도움을 주어야 합니다. 이는 사랑과 理解의 擴張이 됩니다."

그리고 스님은 그에게 慰勞를 전하며 말했습니다. "우리는 慈悲와 寬容, 忍耐와 편안함을 배움으로써 사랑과 理解를 더 큰 擴張으로 經驗할 수 있습니다."

이 이야기는 우리에게 사랑과 理解를 넘어 더 큰 擴張을 경험하는 方法을 가르쳐줍니다. 우리는 慈悲와 寬容, 忍耐와 편안함을 배움으로써 사랑과 理解를 더 큰 차원에서 實踐할 수 있습니다. 이는 우리의 삶에 平和와 幸福을 가져다줄 것입니다.

사랑과 이해

순수한 사랑

옛날 어느 마을에 한 스님이 살고 있었습니다. 그는 사람들에게 순수한 사랑의 重要性을 가르치고자 했습니다.

어느 날, 한 사람이 스님에게 다가와 純粹한 사랑에 대한 궁금증을 풀어달라고 요청했습니다. 스님은 그에게 이야기를 했습니다.

"純粹한 사랑은 우리가 條件 없이 모든 存在를 사랑하는 마음의 상태입니다. 우리는 상대방의 외모나 성격, 지위나 성별에 상관없이 모든 存在를 純粹하게 사랑해야 합니다."

그리고 스님은 한 이야기를 나누었습니다. 어느 날, 스님이 마을 사람들에게 純粹한 사랑에 관한 이야기를 했습니다. 스님은 말했습니다.

"우리는 모든 存在가 우리와 동일한 本質을 가지고 있다는 것을 理解해야 합니다. 우리는 상대방을 評價하거나 非難하지 않고, 그들을 純粹하게 받아들여야 합니다. 이는 純粹한 사랑의 始作입니다."

그리고 스님은 그에게 慰勞를 전하며 말했습니다. "우리는 조건 없는 純粹한 사랑을 實踐함으로써 모든 存在와 連結되고, 相互作用하며, 豐饒로운 삶을 살아갈 수 있습니다."

이 이야기는 우리에게 純粹한 사랑의 重要性을 가르쳐줍니다. 우리는 條件 없는 純粹한 사랑으로 모든 存在를 받아들이고, 連結되며, 豐饒로운 삶을 살아갈 수 있습니다. 이는 우리의 삶에 平和와 幸福을 가져다줄 것입니다.

197

사랑과 이해의 넓은 시야

사랑과 理解의 넓은 視野에 관한 佛敎 逸話 內容을 알려드리겠습니다.

옛날 어느 마을에 한 스님이 살고 있었습니다. 그는 사람들에게 사랑과 이해를 넓은 시야로 바라보는 方法을 가르치고자 했습니다.

어느 날, 한 사람이 스님에게 다가와 사랑과 이해의 넓은 視野에 대한 質問을 했습니다. 스님은 그에게 이야기를 했습니다.

"사랑과 이해의 넓은 시야는 우리가 自我의 제한된 範圍를 벗어나 다양한 觀點과 經驗을 受容하는 것입니다. 우리는 自身의 생각과 價値觀에 갇혀있지 않고, 상대방의 다른 시각과 經驗을 理解하고 받아들여야 합니다."

그리고 스님은 한 이야기를 나누었습니다. 어느 날, 스님이 마을 사람들에게 사랑과 理解의 넓은 視野에 관한 이야기를 했습니다. 스님은 말했습니다.

"우리는 서로 다른 사람들과의 交流를 통해 새로운 아이디어와 觀點을 얻을 수 있습니다. 우리는 상대방의 다른 思考方式과 文化를 理解하고 尊重하는 마음을 갖게 되면, 사랑과 理解의 넓은 視野를 갖게 됩니다."

그리고 스님은 그에게 慰勞를 전하며 말했습니다. "우리는 自身의 視野를 넓히고, 사랑과 理解의 넓은 視野로 世上을 바라보면서 더욱 豊饒로운 삶을 살아갈 수 있습니다."

이 이야기는 우리에게 사랑과 理解의 넓은 視野의 重要性을 가르쳐줍니다. 우리는 自我의 制限된 視野를 벗어나 多樣性을 受容하고 理解함으로써 더욱 豊饒로운 삶을 살아갈 수 있습니다. 이는 우리의 삶에 平和와 幸福을 가져다줄 것입니다.

사랑과 이해

자비와 헌신

慈悲와 獻身에 관한 佛敎 逸話 內容을 알려드리겠습니다.

옛날 어느 나라에 한 스님이 살고 있었습니다. 그는 慈悲와 獻身의 重要性을 가르치고자 했습니다.

어느 날, 한 사람이 스님에게 慈悲와 獻身에 대한 궁금증을 풀어달라고 요청했습니다. 스님은 그에게 이야기를 했습니다.

"慈悲와 獻身은 우리가 이웃과 모든 存在에게 同情과 關心을 가지며 봉사하는 마음의 狀態입니다. 우리는 慈悲로운 마음으로 다른 이들을 도와주고, 獻身으로써 自身을 犧牲하여 奉仕해야 합니다."

그리고 스님은 한 이야기를 나누었습니다. 어느 날, 스님이 마을 사람들에게 慈悲와 獻身에 관한 이야기를 했습니다. 스님은 말했습니다.

"우리는 慈悲와 獻身을 通해 다른 이들을 돕고, 우리의 소중한 것들을 나눌 수 있습니다. 우리는 이웃과 모든 存在에게

關心과 사랑을 베풀며, 自身의 利益보다는 다른 이들의 幸福을 생각해야 합니다."

그리고 스님은 그에게 慰勞를 전하며 말했습니다. "우리가 慈悲와 獻身의 價値를 實踐함으로써 우리의 마음을 豐饒롭게 하고, 自身과 다른 이들의 삶에 希望과 기쁨을 가져다줄 수 있습니다."

이 이야기는 우리에게 慈悲와 獻身의 重要性을 가르쳐줍니다. 우리는 慈悲로운 마음으로 다른 이들을 도와주고, 獻身으로써 自身을 犧牲하여 奉仕함으로써 더욱 意味 있는 삶을 살아갈 수 있습니다. 이는 우리의 삶에 平和와 幸福을 가져다줄 것입니다.

사랑과 연결된 공감

"사랑과 연결된 공감"이라는 佛敎 逸話는, 우리가 사랑과 連結을 통해 서로를 理解하고 共感하는 重要性을 보여주는 이야기입니다.

한때, 어떤 사람이 깊은 고요한 숲 속으로 들어갔습니다. 그곳에서 그 사람은 佛敎 스님을 만났습니다. 스님은 그 사람에게 "사랑은 우리를 서로 連結하는 힘이며, 共感은 서로를 理解하는 데 必要한 能力입니다. 사랑과 共感을 통해 우리는 서로를 支持하고 慰勞할 수 있으며, 共感은 우리의 連結性과 人間的인 存在의 價値를 强化시킵니다." 라고 말했습니다.

그 사람은 스님의 가르침을 받아 사랑과 共感을 통해 다른 사람들과 연결되고, 서로를 理解하며 共感하는 方法을 배웠습니다. 그는 사랑과 연결의 힘을 通해 다른 사람들과의 關係를 改善하고, 서로를 支持하며 共感하는 데에 努力했습니다. 그 結果로 그는 더욱 豐饒로운 社會的 關係와 內面의 平和를 얻을 수 있었습니다.

이 逸話는 佛敎에서 우리가 사랑과 連結을 通해 서로를 理解하고 共感하는 重要性을 强調하는 이야기입니다. 佛敎는

202

우리에게 사랑과 連結을 통해 서로를 支持하고 理解하는 方法을 알려주며, 우리가 보다 조화로운 關係를 形成하고 共感하는 데에 도움을 줍니다.

따라서, "사랑과 연결된 공감" 이야기는 우리가 사랑과 連結을 通해 서로를 理解하고 共感하는 佛敎의 가르침을 나타내는 이야기입니다. 이를 通해 우리는 사랑과 連結을 통해 서로를 支持하고 理解하는 關係를 形成하며, 內面의 平和와 共感을 向해 나아갈 수 있습니다.

관세음보살 42수 진언 (觀世音菩薩四十二手呪)

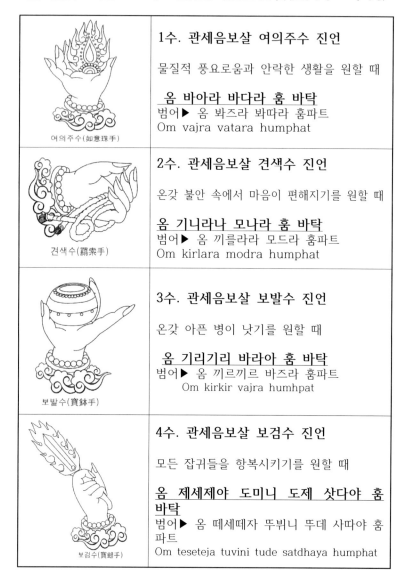

여의주수(如意珠手)	**1수. 관세음보살 여의주수 진언** 물질적 풍요로움과 안락한 생활을 원할 때 **옴 바아라 바다라 훔 바탁** 범어▶ 옴 봐즈라 봐따라 훔파트 Om vajra vatara humphat
견색수(羂索手)	**2수. 관세음보살 견색수 진언** 온갖 불안 속에서 마음이 편해지기를 원할 때 **옴 기니라나 모나라 훔 바탁** 범어▶ 옴 끼를라라 모드라 훔파트 Om kirlara modra humphat
보발수(寶鉢手)	**3수. 관세음보살 보발수 진언** 온갖 아픈 병이 낫기를 원할 때 **옴 기리기리 바라아 훔 바탁** 범어▶ 옴 끼르끼르 바즈라 훔파트 Om kirkir vajra humhpat
보검수(寶劒手)	**4수. 관세음보살 보검수 진언** 모든 잡귀들을 항복시키기를 원할 때 **옴 제세제야 도미니 도제 삿다야 훔 바탁** 범어▶ 옴 떼세떼자 뚜뷔니 뚜데 사따야 훔파트 Om teseteja tuvini tude satdhaya humphat

204

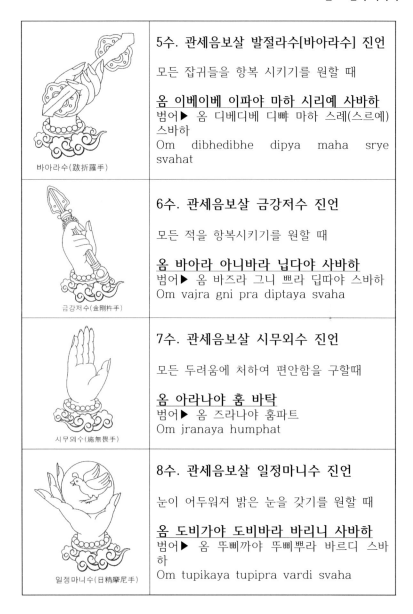

5수. 관세음보살 발절라수[바아라수] 진언

모든 잡귀들을 항복 시키기를 원할 때

옴 이베이베 이파야 마하 시리예 사바하
범어▶ 옴 디베디베 디빠 마하 스레(스르예)
스바하
Om dibhedibhe dipya maha srye
svahat

바아라수(跋折羅手)

6수. 관세음보살 금강저수 진언

모든 적을 항복시키기를 원할 때

옴 바아라 아니바라 닙다야 사바하
범어▶ 옴 바즈라 그니 쁘라 딥따야 스바하
Om vajra gni pra diptaya svaha

금강저수(金剛杵手)

7수. 관세음보살 시무외수 진언

모든 두려움에 처하여 편안함을 구할때

옴 아라나야 훔 바탁
범어▶ 옴 즈라나야 훔파트
Om jranaya humphat

시무외수(施無畏手)

8수. 관세음보살 일정마니수 진언

눈이 어두워저 밝은 눈을 갖기를 원할 때

옴 도비가야 도비바라 바리니 사바하
범어▶ 옴 뚜삐까야 뚜삐뿌라 바르디 스바
하
Om tupikaya tupipra vardi svaha

일정마니수(日精摩尼手)

 월정마니수(月精摩尼手)	**9수. 관세음보살 월정마니수 진언** 심한 열병을 앓아서 낫기를 원할 때 **옴 소싯지 아리 사바하** 범어▶ 옴 슈시디 그르 스바하 Om susidhi gr svaha
 보궁수(寶弓手)	**10수. 관세음보살 보궁수 진언** 승진하거나 높은 관직을 얻기를 원할 때 **옴 아지미례 사바하** 범어▶ 옴 아차(짜)비레 스바하 Om acavire svaha
 보전수(寶箭手)	**11수. 관세음보살 보전수 진언** 빨리 착하고 좋은 친구들을 많이 만나기를 원할 때 **옴 가마라 사바하** 범어▶ 옴 까마라 스바하 Om kamala svaha
 양류지수(楊柳枝手)	**12수. 관세음보살 양류지수 진언** 몸에 생긴 갖가지 병이 모두 낫기를 원할 때 **옴 소싯지 가리바리 다남타 목다에 바아라 바아라 반다 하나하나 훔 바탁** 범어▶ 옴 슈싯디 까르바르타남타 묵따예 바즈라 바즈라 반다 하나하나 훔파트 Om susitdhi karvartanamta muktaye vajra vajra vandha hanahana humphat

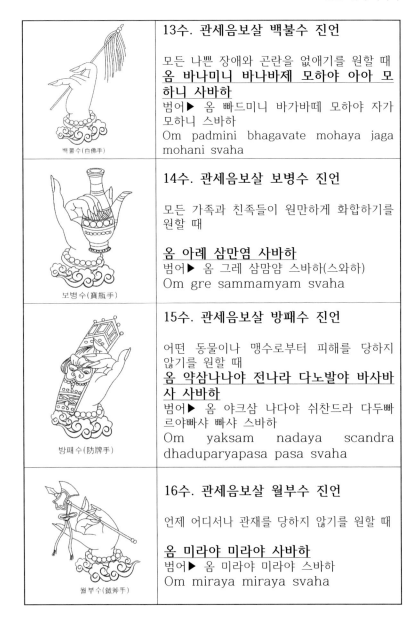

백불수(白佛手)	**13수. 관세음보살 백불수 진언** 모든 나쁜 장애와 곤란을 없애기를 원할 때 **옴 바나미니 바나바제 모하야 아아 모하니 사바하** 범어▶ 옴 빠드미니 바가바떼 모하야 자가 모하니 스바하 Om padmini bhagavate mohaya jaga mohani svaha
보병수(寶甁手)	**14수. 관세음보살 보병수 진언** 모든 가족과 친족들이 원만하게 화합하기를 원할 때 **옴 아례 삼만염 사바하** 범어▶ 옴 그레 삼맘얌 스바하(스와하) Om gre sammamyam svaha
방패수(防牌手)	**15수. 관세음보살 방패수 진언** 어떤 동물이나 맹수로부터 피해를 당하지 않기를 원할 때 **옴 약삼나나야 전나라 다노발야 바사바사 사바하** 범어▶ 옴 야크삼 나다야 쉬찬드라 다두빠르야빠샤 빠샤 스바하 Om yaksam nadaya scandra dhaduparyapasa pasa svaha
월부수(鉞斧手)	**16수. 관세음보살 월부수 진언** 언제 어디서나 관재를 당하지 않기를 원할 때 **옴 미라야 미라야 사바하** 범어▶ 옴 미라야 미라야 스바하 Om miraya miraya svaha

 옥환수(玉環手)	## 17수. 관세음보살 옥환수 진언 남녀불문하고 좋은 친구나 동료를 갖고자 원할 때 **옴 바나맘 미라야 사바하** 범어▶ 옴 빠드맘 미라야 스바하(스와하) Om padmam miraya svaha
 백련화수(白蓮花手)	## 18수. 관세음보살 백련화수 진언 수많은 공을 세우고 온갖 공덕을 이루기를 원할 때 **옴 바아라 미라야 사바하** 범어▶ 옴 바(와)즈라 미나야 스바하 Om vajra minaya svaha
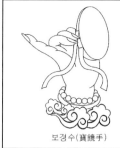 청련화수(靑蓮花手)	## 19수. 관세음보살 청련화수 진언 다음 세상에 서방정토에서 태어나기를 원할 때 **옴 기리기리 바아라 불반다 훔 바탁** 범어▶ 옴 끼(키)르끼(키)르 바(와)즈라 부르반다 훔파트 Om kirkir vajra bhurvandha humphat
 보경수(寶鏡手)	## 20수. 관세음보살 보경수 진언 높고 큰 지혜를 얻고자 원할 때 **옴 미보라 나락사 바라아 만다라 훔 바탁** 범어▶ 옴 비스푸라다 락사 바즈라 만달라 훔파트 Om visphurada raksa vajra mandhala humphat

 자련화수(紫蓮花手)	**21수. 관세음보살 자련화수 진언** 부처님과 보살님을 친견하기를 원할 때 **옴 사라사라 바아라 가라 훔 바탁** 범어▶ 옴 싸라싸라 바즈라 까라훔파트 Om sarasara vajra karahumphat
 보협수(寶篋手)	**22수. 관세음보살 보협수 진언** 땅속 깊이 묻혀 있는 온갖 보물을 얻고자 원할 때 **옴 바아라 바사가리 아나맘나 훔** 범어▶ 옴 바즈라 빠사까리 가나맘라 훔 Om vajra pasakari ganamamra hum
 오색운수(五色雲手)	**23수. 관세음보살 오색운수 진언** 한시바삐 불도를 성취하여 깨달음을 얻고자 원할 때 옴 바아라 가리라타 맘타 범어▶ 옴 바즈라 까리라따 맘따 Om vajra karirata mamta
 군지수(君遲手)	**24수. 관세음보살 군지수 진언** 다음 세상에는 천신이 되어 하늘에서 살고자 원할 때 **옴 바아라 서가로타 맘타** 범어▶ 옴 바즈라 세카라루타 맘타 Om vajra sekhararuta mamta

홍련화수(紅蓮花手)

25수. 관세음보살 홍련화수 진언

다음 세상에는 사람 몸 받지 않기를 원할 때

옴 상아례 사바하

범어▶ 옴 샴그레 스바하
Om samgre svaha

보극수(寶戟手)

26수. 관세음보살 보극수 진언

경쟁 상대나 원수의 힘을 없애고자 원할 때

옴 삼매야 기니하리 훔 바탁

범어▶ 옴 삼마이야 끼니 하르 흠파트
Om sammaiya kini har humphat

보라수(寶螺手)

27수. 관세음보살수 보라수 진언

언제 어디서나 호법신장들이 호위를 하기를 원할 때

옴 상아례 마하 삼만염 사바하

범어▶ 옴 삼그레 마하 삼마얌 스바하
Om samgre maha sammayam svaha

촉루장수(髑髏杖手)

28수. 관세음보살 촉루장수 진언

어떤 잡신들의 농간에도 휘둘리지 않고 뜻대로 지배하기를 원할 때

옴 도나 바아라 학

범어▶ 옴 두나 바즈라 하
Om dhuna vajra hah

 수주수(數珠手)	**29수. 관세음보살 수주수 진언** 빨리 부처님께서 도와 주시기를 원할 때 **나모라 다나다라 야야 옴 아나바제 미아예 싯디 싯달제 사바하** 범어▶ 나모 라뜨나뜨라야야 옴 아나바떼 비자야예 싣디싣다르테 스바하 Namo ratnatrayaya om anabhate vijayaye sidhisiddharthe svaha
 보탁수(寶鐸手)	**30수. 관세음보살 보탁수 진언** 아름답고 뛰어난 목소리 갖기를 원할 때 **나모 바나맘 바나예 옴 아미리 담암베시리예 시리탐리니 사바하** 범어▶ 나모 빠드맘 빠나예 옴 암르땅감베 쉬르예 쉬르 땅르니 스바하 namo padmam panaye om amrtamgambhe srye sr tamrni svaha
 보인수(寶印手)	**31수. 관세음보살 보인수 진언** 뛰어난 말솜씨와 글솜씨 갖기를 원할 때 **옴 바아라녜 담아예 사바하** 범어▶ 옴 바즈라 네탐 자예 스바하(스와하) Om vajra netam jaye svaha
 구시철구수(俱尸鐵鉤手)	**32수. 관세음보살 구시철구수 진언** 좋은 신들과 용왕이 보호하기를 원할 때 **옴 아가로 다라가라 미사예 나모 사바하** 범어▶ 옴 아크로 따라까라 비사예 나모스바하 Om akro tarakara visaye namosvaha

석장수(錫杖手)	**33수. 관세음보살 석장수 진언** 언제나 모든 생명체를 해치지 않기를 원할 때 **옴 날지 날지 날타바지 날제 나야바니 훔 바탁** 범어▶ 옴 날티날티 날타파티 날테 다야빠니 훔파트 Om nartinarti nartapati narte dayapani humphat
합장수(合掌手)	**34수. 관세음보살 합장수 진언** 모든 존재들이 서로 존중하고 사랑하며 살기를 원할 때 **옴 바나만 아림하리** 범어▶ 옴 빠드맘 그잘음 흐르 Om padmam gjalm hr
화불수(化佛手)	**35수. 관세음보살 화불수 진언** 태어날 때마다 부처님 곁을 떠나지 않기를 원할 때 **옴 전나라 바맘타 이가리 나기리 나기리니 훔 바탁** 범어▶ 옴 짠(찬)다라 바맘따르 까르다끼르 다끼르니 훔파트 Om candara bhamamtar kardakir dakirni humphat
화궁전수(化宮殿手)	**36수. 관세음보살 화궁전수 진언** 태어날 때마다 늘 부처님 세계에서 태어나기를 원할 때 **옴 미사라 미사라 훔 바탁** 범어▶ 옴 미사라 미사라 훔파트 Om misara misara humphat

 보경수(寶經手)	**37수. 관세음보살 보경수 진언** 두루 널리 공부하여 잊지 않는 총명한 머리 갖기를 원할 때 **옴 아하라 살바미냐 다라 바니제 사바하** 범어▶ 옴 아하라 사르바 비드야 다라 뿌디떼 스바하 Om ahara sarva vidya dhara pudite svaha
 불퇴금륜수(不退金輪手)	**38수. 관세음보살 불퇴금륜수 진언** 지금 이 몸으로 깨닫기 전까지 결코 물러서지 않기를 원할 때 **옴 서나미자 사바하** 범어▶ 옴 사나미차(짜) 스바하 Om sanamica svaha
 정상화불수(頂上化佛手)	**39수. 관세음보살 정상화불수 진언** 나도 부처가 되리라는 흔들림 없는 확신을 갖고자 할 때 **옴 바아라니 바아람예 사바하** 범어▶ 옴 바즈르니 바즈람게에 스바하 Om vajrni vajramge svaha
 포도수(葡萄手)	**40수. 관세음보살 포도수 진언** 풍요로운 과실수와 농산물 수확을 얻고자 할 때 **옴 아마라 검제이니 사바하** 범어▶ 옴 아마라 깜떼디니 스바하 Om amala kamtedini svaha

 감로수(甘露手)	**41수. 관세음보살 감로수 진언** 목마르고 배고픈 모든 중생이 겪는 고통을 없애고자 할 때 **옴 소로소로 바라소로 바라소로 소로 소로야 사바하** 범어▶ 옴 수루수루 보라수루 보라수루 수루수루예 스바하 Om sulu sulu bholasulu bholasulu sulusuluye svaha
 총섭천비수(總攝千臂手)	**42수. 관세음보살 총섭천비수 진언** 어떠한 장애나 역경을 겪어도 반드시 모두 이겨내고자 할 때 **다냐타 바로기제 새바라야 살바도따 오하야미 사마하** 범어▶ 따다탸 아바로끼데스바라야 싸르바 두시자 우아미예 스바하 Tadyata avalokitesvaraya sarvadusiZa Uhamiye Svaha

끝마치며

우리가 사는 자연생태계에는 온갖 동·식물들이 살고 있다. 인간들이 이름을 붙여 주지 않은 많은 동·식물들도 있을 것이다. 그렇지만 지구상에 같은 특성을 가진, 같은 종류의 많은 동식물들 끼리는 아마도 서로의 행동특성을 잘 알고 있거나 생태적으로 공통적인 특징이 내재되어 있는지도 모른다. 특히 만물의 영장이라는 인간은 집단생활을 하면서 현재까지 최상위 포식자로서 자리를 굳히고 있다. 이것은 인간이 언어를 사용하고 집단생활을 하는 다른 동물들이 가지지 못한 뛰어난 능력을 가지고 있기 때문이라는 것이 많은 서적들에 실려있다. 그래서 인간들만의 문명과 문화를 이룩한 것이다. 이러한 것들이 인간들의 역사를 이루어 낸 것이 아닌가 생각된다. 이런 인간의 역사는 항상 현재, 지금 이시간에 이루어지는 것이고 이것을 조금더 길게 잡으면 하루하루가 점철되어 이루어진 것이다. 그래서 그 역사를 자세히 들여다보면 이것은 모든인간들의 생활 속에서 만들어진 것이고 그 만들어진 것들은 하나하나의 일화속에서 시작된 것이라 본다.

인간생활의 특징을 가장 잘 나타낸 것이 바로 일화 인것

것이다. 따라서 일화에는 인간생활의 상징성과 가치, 인간의 속성들이 모두 들어 있다고 생각된다. 특히 불교에 관련된 일화를 살펴보면 그것이 나타내는 상징성과 방향성 그리고 그 내용의 본질을 읽을 수 있고 지향하는 가치를 함축적으로 내포하고 있다고 본다. 그러므로 이런 일화들을 맞닥뜨리면 이것들이 우리에게 울림을 주고 마음을 정화시키며 사랑과 이해의 폭을 더욱 증폭시키리라 기대해 본다.

아울러 나는 불교 일화에 관련된 책을 정말 읽고 싶었고 두고두고 읽기 위해서 이것을 만들었다. 많이 부족하지만, 이 불교 일화·이야기를 읽는 모든 분들이 應無所住 而生基心(응무소주 이생기심)에 한발짝 다가서는 모습을 기대합니다.

이 책을 읽는 모든 분들의 건강과 행복을 기원합니다.

감사합니다.

참고문헌

《「불교 경전과 마음공부」 무한 법상 2017.3.6.》
《「읽기만 해도 보리심이 샘솟는 원빈스님의 천수경」 도
　서출판 이중버스 원빈스님 2019.10.17》
《「원빈스님의 금강경에 물들다」 도서출판 이중버스 원빈
　스님 2020.7.10.》
《「법륜스님의 금강경강의」 정토출판 법륜스님 2021.4.30.》
《「인간 붓다 그 위대한 삶과 사상」 정토출판 법륜스님
　2019.11.30.》

참고사이트

《https://www.naver.com》
《https://search.naver.com》
《www.gettyimagesbank.com》
《www.crowdpic.net>photos》
《burimum.ivyro.net>zbxe》
《www.shutterstock.com>불교》

누구나 읽기 쉬운
불교 일화 · 이야기

저 자 | 우재 윤필수
겉표지 | 윤정별

발 행 | 2023년 8월15일
펴낸이 | 한건희
펴낸곳 | 주식회사 부크크
출판사 등록 | 2014.7.15.(제2014-16호)
주 소 | 서울특별시 금천구 가산디지털1로 119
　　　　　　　(SK 트윈타워 A동 305호)
전 화 | 1670-8316

ISBN | 979-11-410-3881-6

www.bookk.co.kr